马克思主义简明读本

历史合力论

丛书主编：韩喜平

本书著者：王文奇

编 委 会：韩喜平　邵彦敏　吴宏政
　　　　　王为全　罗克全　张中国
　　　　　王　颖　石　英　里光年

吉林出版集团股份有限公司

图书在版编目（ＣＩＰ）数据

历史合力论/王文奇著.--长春:吉林出版集团股份有限公司，2013.9
（2021.2重印）
（马克思主义简明读本）

ISBN 978-7-5534-2595-5

Ⅰ.①历…Ⅱ.①王…Ⅲ.①马克思主义—研究Ⅳ.①A81

中国版本图书馆CIP数据核字(2013)第174359号

历史合力论
LISHI HELI LUN

丛书主编：韩喜平
本书著者：王文奇
项目策划：周海英　耿　宏
项目负责：周海英　耿　宏　宫志伟
责任编辑：宫志伟
出　　版：吉林出版集团股份有限公司
发　　行：吉林出版集团社科图书有限公司
电　　话：0431-81629720
印　　刷：永清县晔盛亚胶印有限公司
开　　本：710mm×960mm　1/16
字　　数：100千字
印　　张：12
版　　次：2013年9月第1版
印　　次：2021年2月第3次印刷
书　　号：ISBN 978-7-5534-2595-5
定　　价：36.00元

如发现印装质量问题，影响阅读，请与出版方联系调换。

序　言

习近平总书记指出，青年最富有朝气、最富有梦想，青年兴则国家兴，青年强则国家强。青年是民族的未来，"中国梦"是我们的，更是青年一代的，实现中华民族伟大复兴的"中国梦"需要依靠广大青年的不断努力。

要提高青年人的理论素养。理论是科学化、系统化、观念化的复杂知识体系，也是认识问题、分析问题、解决问题的思想方法和工作方法。青年正处于世界观、方法论形成的关键时期，特别是在知识爆炸、文化快餐消费盛行的今天，如果能够静下心来学习一点理论知识，对于提高他们分析问题、辨别是非的能力有着很大的帮助。

要提高青年人的政治理论素养。青年是祖国的未来，是社会主义的建设者和接班人。党的十八大报告指出，回首近代以来中国波澜壮阔的历史，展望中华民族充满希望的未来，我们得出一个坚定的结论——实现中华民族伟大复兴，必须坚定不移地走中国特色社会主义道路。要建立青年人对中国特色社会主义的道路自信、理论自信、制度自信，就必须要对他们进行马克思主义理论教育，特别是中国特色社会主义理论体系教育。

要提高青年人的创新能力。创新是推动民族进步和社会发展的不竭动力，培养青年人的创新能力是全社会的重要职责。但创新从来都是继承与发展的统一，它需要知识的积淀，需要理论素养的提升。马克思主义理论是人类社会最为重大的理论创新，系统地学习马克思主义理论有助于青年人创新能力的提升。

要培养青年人的远大志向。"一个民族只有拥有那些关注天空的人，这个民族才有希望。如果一个民族只是关心眼下脚下的事情，这个民族是没有未来的。"马克思主义是关注人类自由与解放的理论，是胸怀世界、关注人类的理论，青年人志存高远，奋发有为，应该学会用马克思主义理论武装自己，胸怀世界，关注人类。

正是基于以上几点考虑，我们编写了这套《马克思主义简明读本》系列丛书，以便更全面地展示马克思主义理论基础知识。希望青年朋友们通过学习，能够切实收到成效。

韩喜平

2013年8月

目　录

引　言

　　历史合力论是马克思恩格斯思想中的重要内容，是唯物主义史观的重要组成部分。在唯物主义史观传播的过程中，出现了对唯物主义史观的曲解与误解，如简单地将经济基础与上层建筑的关系定义为"经济决定论"，或者片面强调经济规律的作用而忽视人的主观能动性。面对着各种曲解与误解，恩格斯在1890年的《恩格斯致约瑟夫·布洛赫》的信中，系统地提出了历史合力论的概念。

　　历史合力论强调经济基础的决定性作用，同时也强调政治因素、法律因素、宗教因素、文化传统因素、自然地理因素乃至国际关系因素等都会对历史的发展与社会进步产生作用，我们无法避开这些众多因素而孤立地去谈经济基础的作用。历史合力论也肯定了人在历史发展中的主体地位，并提出每个人的力构成了无数个力的平行四边形，最后形成了历史的合力，这就强调了属于不同社会分工的各个阶层的人们，如政治家、科学家、思想家、教育家、企业家、工人、农民等都会对历史发展与社会进步产生重要影响。

尽管历史合力论这一概念本身是由恩格斯在1890年提出的，但是历史合力论的思想与分析方法一直贯穿于马克思恩格斯的著作之中，在1890年之前和1890年之后马克思与恩格斯的著作中都有明显的体现。可以说，历史合力论是马克思唯物主义思想中的重要精髓，需要我们仔细地研读与领会。

作为马克思主义理论的重要组成部分，马克思主义中国化的理论中同样体现着历史合力论的思想。从毛泽东思想、邓小平理论，到"三个代表"重要思想、科学发展观，再到现在的"中国梦"的提出，都深刻地体现着历史合力论的思想。通过分析这些思想中的历史合力观，能够加深我们对历史合力论的深入理解，也能够对马克思主义中国化的与时俱进有着更为清晰和透彻的认知。

我们学习马克思主义理论，不是为了获得僵化的知识，而是为了学以致用，将马克思主义理论变成活的知识，变成我们分析问题、解决问题的工具和方法，学习历史合力论的最终目的也是要求我们能够用历史合力论去分析具体的问题。通过运用历史合力论分析具体的历史重大问题与现实热点问题，一方面有助于我们更好地掌握历史合力论；另一方面在科学思维方法的指导之下我们能够更深入、更系统、更全面地去分析每个历史问题与现实问题是如何发生、发展的。

学习历史合力论，既是我们深入学习马克思主义理论的过程，也是我们让自身变得更加聪颖与智慧的过程。一旦我们学会了活学活用历史合力论的方法，在我们面对学习、生活中的各种问题时，我们就会自觉地考虑到各种因素在某一个事件、某一个问题中起到了怎样的作用，从而像一位伟大的侦探一样，能够通过条分缕析，找到问题产生的根源，也找到问题解决的方法。

第一章　恩格斯对历史合力论的系统阐释

在19世纪中后叶，伴随着马克思恩格斯历史唯物主义的传播，在欧洲出现了对于历史唯物主义的曲解和误解。这些曲解和误解对于马克思主义思想的传播产生了消极的影响。为了拨乱反正，恩格斯曾在马克思逝世后撰写了多篇文章阐释正确的历史唯物主义思想。1890年借助一个大学生约瑟夫·布洛赫向恩格斯求教的契机，恩格斯给布洛赫写了一封长信作为答复，恩格斯在这篇长信中提出了历史合力论的概念并进行了细致的阐述，以帮助一些陷于迷茫状态之中的人们正确、清醒地认识历史唯物主义思想。恩格斯以历史合力论回击了对于经济基础与上层建筑关系的曲解，厘清了个人在历史发展中的地位和作用。同时恩格斯也强调，历史合力论在马克思和恩格斯的著作中是一以贯之的，是全面认识社会发展与历史进步的正确思考方式。

第一节　历史唯物主义的传播与误解

19世纪中期以后，马克思恩格斯的历史唯物主义在欧洲大陆产生了越来越广泛的影响，德国、英国、法国、俄罗斯等国都出现了一批坚定的共产主义者，他们积极钻研并宣传马克思恩格斯的理论与学说，使马克思主义思想越来越深入人心，并积极地促成了国际共产主义运动的出现。

在马克思主义思想的传播过程中，也出现了对马克思主义理论的曲解与误解。这主要是由于一方面一些资产阶级知识分子害怕马克思主义思想的传播会最终积聚起洪流，淹没资产阶级，消灭资本主义制度，从而也就消灭资产阶级的利益，因此这部分资产阶级知识分子开始故意曲解马克思主义思想，希望达到遏止马克思主义思想传播的目的；另一方面，一些钻研马克思主义思想并愿意信奉马克思主义思想的人，由于他们自身知识水平、思维方式的限制，他们没能正确理解博大精深的马克思主义思想，从而在客观上误解了马克思主义思想。

资产阶级知识分子歪曲历史唯物主义的代表是保尔·巴尔特，保尔·巴尔特是德国资产阶级哲学家、社会学家。他把马克思主义经济基础决定上层建筑的理论，歪曲为简单的经济决定论，即只强调经济因素的决定性作用，认为世界历史的发展只是经济发展的自然结果，认为经济是社会发展过程中唯一起作用的因素，其他政治、法律、地理等因素都是可以忽略不计的。这就将复杂的历史现象只归结为经济因素的作用，并认为只有经济技术的进步才是值得关注和研究的，从而将马克思主义中的历史唯物主义辩证法抛弃在一边，认为社会的发展实际上就是经济的发展，经济的发展是决定其他一切的法宝，从而引起其他资产阶级学者对马克思主义思想的批判。保尔·巴尔特还极力论证主体与客体、意识与存在的不可分割性，论说主体与客体、意识与存在是合二为一的，是不能分开阐述的，从而也模糊了对于人的主观能动性与外在世界的关系、经济基础与上层建筑的辩证关系和相互作用的认知。此外，保尔·巴尔特等人还故意曲解马克思和恩格斯前后统一的一贯主张，故意歪曲说马克思和恩格斯的思想是不同的，甚至是对立的，希望以此引起研究马克思主义、传播马克思主义者思想上的混乱，从而希望以此扰乱马克思主义越来越广泛的传播，削弱马克思主义思想越来越大的影响力。

除了资产阶级学者别有用心地故意歪曲马克思恩格斯的历史唯物主义，当时一些信仰马克思主义的共产主义者也对历史唯物主义产生了误解，其中的代表是德国社会民主党内的"青年派"。德国社会民主党最初创立于1863年，在德国具有非常大的影响力，最初的名字叫全德工人联合会，由这个名字就可以看出该党是由工人运动产生的，因此该党在建党之初非常推崇马克思主义思想，党内人士也不断研究、传播马克思主义思想。但在此过程中，德国社会民主党内的"青年派"却出现了误解马克思历史唯物主义思想的情况。"青年派"对马克思历史唯物主义思想的第一点误解同保尔·巴尔特的故意曲解差不多，即也只承认经济关系在世界历史发展中的作用，忽视经济基础与上层建筑的关系。此外，他们还认为在经济关系中，人尤其是单个人的作用是微不足道的，人不过是经济关系中的棋子而已，历史发展是经济规律的发展，人只是在经济规律发展过程中的见证者与经历者，这就等于否定了人的主观能动性的重要作用，否定了马克思历史唯物主义中另一重要观点，即人民群众是历史的创造者。

"青年派"对马克思历史唯物主义的第二点误解是，不从具体的历史事实出发去研究复杂的社会现象，只是机械地、教条地运用马克思主义原理。实际上，马克思主义的历史唯物主义为我们具体分析问题提供了深刻的方法论基础，是让我们运用这种思维方法去解决实际的问题，而不是拿着马克思恩格斯的语句去照搬、去机械地理解问题。就好比我们中国的战国时代有一个赵括，他只知道纸上谈兵，机械地按照兵书上的内容去排兵布阵同秦国打仗，而不知道活学活用兵法，根据具体的地形地势、敌我力量对比等因素去选择适当的作战方式，最终赵军被秦军消灭，赵国也很快灭亡。同赵括一样，"青年派"机械地理解、运用马克思主义自然无法得心应手地去解决实际问题，从而对马克思主义的发展与传播也是不利的。恩格斯就曾经在给康拉德·施米特的信中批评这些德国青年说："对德国的许多青年著作家来说，'唯物主义'这个词大体上只是一个套语，他们把这个套语当作标签贴到各种事务上去，再不作进一步的研究。就是说，他们一把这个标签贴上去，就以为问题已经解决了。""青年派"没有具体分析德国社会情况及德国社会民主党如何发展壮大的社会环境，只是简单地照搬马克思和恩格斯出版的著作中的一些语句，指责德国社会民主党的领导者歪曲了马克思主义思想，认为党内的领导者正在走小资产阶级道路，从而对于德国社会民主党实践、贯彻马克思主义产生了不利的影响。

由马克思和恩格斯创立的马克思主义思想，是在深刻剖析当时资产阶级的本质，并对人类整体历史发展规律进行总结、提炼之后形成的深刻、复杂、符合历史事实的真理。历史唯物主义是马克思主义思想体系中重要的一环，是正确认识历史发展规律的重要理论。在马克思恩格斯的思想体系构建过程之中，马克思和恩格斯不断地或者以专著的形式，或者以评论的形式与资产阶级学者展开论战与交锋。而在交锋过程中，一些资产阶级学者由于无法在论战中处于优势地位，无法自圆其说地为资产阶级体制进行辩护，无法回应马克思恩格斯指出的资产阶级体制的缺陷，他们就开始故意歪曲马克思主义思想，然后将歪曲后的马克思主义思想说成是马克思、恩格斯所要真实表达的思想，之后通过批判被歪曲后马克思恩格斯的历史唯物主义，来达到遏制马克思主义传播的目的。这种做法尽管并不能真正磨损马克思主义思想的光华，但的确扰乱了一些人对于真正马克思恩格斯的历史唯物主义思想的接受与传播。

同样，对于那些原本信仰马克思主义的共产主义者来说，他们片面、机械地理解与传播马克思主义思想，对于让更多的人正确理解与接受历史唯物主义也是有负面影响的。像德国社会民主党中的"青年派"，他们只是片面、机械地理解历史唯物主义的个案，而不是全部；例如美国的社会主义工人党中也存在着误解马克思主义、误解历史唯物主义的情况。这种误解情况的存在，同资产阶级学者故意歪曲马克思主义思想一样，都对马克思主义思想的传播构成了危害，尤其是到19世纪80年代以后，当马克思主义的最重要创立者，历史唯物主义的奠基人马克思于1883年病逝以后，如何正确地认知马克思主义就更成为一个重大的问题，而对这些重大的问题的阐释就需要马克思主义另一位伟大的奠基人恩格斯来解决。

在马克思逝世之后，恩格斯不仅继续沿着他与马克思早年奠基的思想体系进行进一步的丰富与发展，而且从事了很多的事务性工作，积极投身到国际工人运动之中，参与国际工人运动组织的建立，以进一步扩大马克思主义的影响力，推动世界由资本主义阶段向社会主义阶段和共产主义阶段前进。恩格斯实际上一直在不断阐释正确的历史唯物主义思想，他不断地通过著书立说，通过评论文章，通过与友人或读者的信件来阐述历史唯物主义思想的精髓，对资产阶级知识分子对历史唯物主义的歪曲进行批判，对共产主义者对历史唯物主义的误解进行廓清。

1890年9月初，柏林大学数学系一名叫约瑟夫·布洛赫的学生，他写信向恩格斯求教。在信中，布洛赫说他读过马克思和恩格斯的很多著作，并产生了一些问题，首先他问了一个关于恩格斯的著作《家庭、私有制与国家起源》的问题，之后就表达了他对于历史唯物主义存在的一些疑惑。他注意到马克思和恩格斯都强调社会生活中的生产与再生产是历史发展中的决定性因素，他的疑问是，是不是可以理解为经济因素是社会发展的决定性因素，就好像自然规律一样，是不以人的意志为转移的，也不依靠人的作用，是独立存在、按照自身的规律向前发展的，其发展趋势和发展方向是不可避免的，也是人力无法改变的，从而除了经济因素之外，其他因素都是不重要的，还是经济关系只是众多影响社会发展的因素之中最重要的一个？在经济基础之外，其他的因素也能够对经济关系与经济规律产生影响，如加速历史发展进程或者是延缓历史发展进程？

由布洛赫在信中对于恩格斯求教的问题，我们一方面可以看出布洛赫是一个对马克思主义思想充满了浓厚兴趣的学生，他也读了不少马克思、恩格斯的著作；另一方面，我们也可以看出布洛赫显然也受到了当时歪曲和误解历史唯物主义观点的影响，他对于历史唯物主义的精髓究竟是什么产生了迷惑。

恩格斯在阅读完布洛赫的信后，一定也产生了深思。他知道只有真正地厘清历史唯物主义的精髓，给出对于经济因素与其他因素关系的明确答案，才能够解开布洛赫心中的疑惑。而这种疑惑，正是在很多即将接受马克思主义思想的青年心中大量存在的，因此他解开布洛赫心中的疑惑，就等于解开了所有存在思想犹疑的青年的疑惑，同时也是对故意歪曲历史唯物主义的资产阶级学者的响亮回击。因此，恩格斯在深思熟虑之后，给布洛赫回了一封长信，在信中，恩格斯系统地阐释了历史合力论的思想，将影响社会发展的诸种因素之间的关系进行了清晰、明白的阐释。下面，我们就通过《恩格斯致约瑟夫·布洛赫》这封信，来认知历史合力论的精髓吧。

第二节　《恩格斯致约瑟夫·布洛赫》对历史合力论的阐释

1890年9月21日至22日，恩格斯给布洛赫写了一封长信，这封信除在开头回答了布洛赫关于《家庭、私有制与国家起源》的一个问题外，绝大部分篇幅都用于系统地回答布洛赫的第二个问题，即如何认识经济因素与其他因素对于社会发展的作用的问题，以及人在经济发展、社会进步中的重要作用，也就是历史合力论的观点。关于恩格斯的阐述，我们可

以先来阅读《恩格斯致约瑟夫·布洛赫》一信的原文。

尊敬的先生：

……根据唯物史观，历史过程中的决定性因素归根到底是现实生活的生产和再生产。无论马克思或我都从来没有肯定过比这更多的东西。如果有人在这里加以歪曲，说经济因素是唯一决定性的因素，那么他就是把这个命题变成毫无内容的、抽象的、荒诞无稽的空话。经济状况是基础，但是对历史斗争的进程发生影响并且在许多情况下主要是决定着这一斗争的形式的，还有上层建筑的各种因素：阶级斗争的各种政治形式和这个斗争的成果——由胜利了的阶级在获胜以后确立的宪法等，各种法权形式以及所有这些实际斗争在参加者头脑中的反映，政治的、法律的和哲学的理论，宗教的观点以及它们向教义体系的进一步发展。这里表现出这一切因素间的相互作用，而在这种相互作用中归根到底是经济运动作为必然的东西通过无穷无尽的偶然事件（即这样一些事物和事变，它们的内部联系是如此疏远或者是如此难于确定，以致我们可以忘掉这种联系，认为这种联系并不存在）向前发展。否则把理论应用于任何历史时期，就会比解一个最简单的一次方程式更容易了。

我们自己创造着我们的历史，但是第一，我们是在十分确定的前提和条件下创造的。其中经济的前提和条件归根到底是决定性的。但是政治等的前提和条件，甚至那些存在于人们头脑中的传统，也起着一定的作用，虽然不是决定性的作用。普鲁士国家也是由于历史的、归根到底是经济的原因而产生出来和发展起来的。但是，恐怕只有书呆子才会断定，在北德意志的许多小邦中，勃兰登堡成为一个体现了北部和南部之间的经济差异、语言差异，而自宗教改革以来也体现了宗教差异的强国，这只是由经济的必然性所决定，而不是也由其他因素所决定的（在这里首先起作用的是这样一个情况：勃兰登堡由于掌握了普鲁士而卷入了波兰事件，并因而卷入了国际政治关系，后者在形成奥地利王室的威力时也起过决定的作用）。要从经济上说明每一个德意志小邦的过去和现在的存在，或者要从经济上说明那种把苏台德山脉至陶努斯山所形成的地理划分扩大成为贯穿全德意志的真正裂痕的高地德意志语的音变的起源，那么，很难不闹出笑话来。

但是第二，历史是这样创造的：最终的结果总是从许多单个的意志的相互冲突中产生出来的，而其中每一个意志，又是由于许多特殊的生活条件，才成为它所成为的那样。这样就有无数互相交错的力量，有无数个力的平行四边形，而由此就产生出一个合力，即历史结果，而这个结果又可以看作一个作为整体地、不自觉地和不自主地起着作用的力量的产物。因为任何一个人的愿望都会受到任何另一个人的妨碍，而最后出现的结果就是谁都没有希望过的事物。所以到目前为止的历史总是像一种自然过程一样地进行，而且实质上也是服从于同一运动规律的。但是，各个人的意志——其中的每一个都希望得到他的体质和外部的、归根到底是经济的情况（或是他个人的，或是一般社会性的）使他向往的东西——虽然都达不到自己的愿望，而是融合为一个总的平均数，一个总的合力，然而从这一事实中决不应作出结论说，这些意志等于零。相反地，每个意志都对合力有所贡献，因而是包括在这个合力里面的。

另外，我请您根据原著来研究这个理论，而不要根据第二手的材料来进行研究——这的确要容易得多。马克思所写的文章，几乎没有一篇不是由这个理论起了作用的。特别是《路易·波拿巴的雾月十八日》，这本书是运用这个理论的十分出色的例子。《资本论》中的许多提示也是这样。再者，我也可以向您指出我的《欧根·杜林先生在科学中实行的变革》和《路德维希·费尔巴哈和德国古典哲学的终结》，我在这两部书里对历史唯物主义作了就我所知是目前最为详尽的阐述。

青年们有时过分看重经济方面，这有一部分是马克思和我应当负责的。我们在反驳我们的论敌时，常常不得不强调被他们否认的主要原则，并且不是始终都有时间、地点和机会来给其他参与相互作用的因素以应有的重视。但是，只要问题一关系到描述某个历史时期，即关系到实际的应用，那情况就不同了，这里就不容许有任何错误了。可惜人们往往以为，只要掌握了主要原理——而且还并不总是掌握得正确，那就算已经充分地理解了新理论并且立刻就能够应用它了。在这方面，我是可以责备许多最新的"马克思主义者"的；而他们也的确造成过惊人的混乱……

以上是恩格斯给布洛赫所写回信的原文节选。在这封信中，恩格斯通过历史合力论解答了布洛赫对于历史唯物主义存在的一些困惑。从这些原文中我们可以看出，恩格斯以历史合力论的思想，告诉了我们如何去认知经济因素与其他因素之间的关系。恩格斯指出，现实生活中生产与再生产的确是历史发展过程中的决定性因素，但这不是说经济因素是历史发展过程中唯一因素，其他因素同样会对社会发展产生作用。其他因素包含的内容是十分广泛的，如政治因素、法律因素、宗教因素、国际关系因素、自然地理因素，等等，都是能够对社会发展起到作用的因素。

恩格斯在1894年《恩格斯致瓦尔特·博尔吉乌斯》的信中，又进一步明确指出，"政治、法、哲学、宗教、文学、艺术等领域的发展是以经济发展为基础的。但是，它们又都互相作用并对经济基础发生作用。这并不是说，只有经济状况才是原因，才是积极的，其余一切都不过是消极的结果；而是说，这是在归根结底不断为自己开辟道路的经济必然性的基础上的相互作用"。正是这些经济因素之外的众多其他因素与经济因素之间，和这些因素彼此之间进行的复杂的相互作用，构成了合力，才使得历史呈现一种螺旋式发展状态。

同样，今天社会的发展也不是无源之水、无本之木，是在漫长的历史积淀基础上形成的，这种历史积淀既包括历史上遗留下的经济基础，也包括历史遗留下的传统文化、思维方式等。恩格斯在信中明确指出我们自己创造着我们的历史，但"我们是在十分确定的前提和条件下创造的"。不同国家发展的历史基础，将在很大程度上影响今天经济政策的制定、发展道路的选择，等等。中国走具有中国特色的社会主义发展道路，就是因为我们拥有自身的历史文化传统，只有将马克思主义与自身特色相结合，我们才能够走上一条正确的发展之路。历史虽然为我们留下了大量的遗产，但我们今天的选择同样重要，就好比中国在新中国成立伊始，百废待兴，资本主义思想与封建主义思想也仍旧存在，但我们走社会主义道路，努力摒弃资本主义和封建主义的糟粕，才使我们终于得以重新屹立于世界大国之林，中国才得以重新扬眉吐气，走上富强之路。这也就是恩格斯所强调的，经济、政治、宗教、自然地理等因素是在历史基础与现实选择之上产生的合力作用。

针对一些人机械地理解历史唯物主义，将经济规律看成社会一切发展的前提，忽视了人在历史创造中的作用，或者是只认为一些英雄人物对于历史发展作出了贡献，恩格斯在信中还明确指出，"历史是这样创造的：最终的结果总是从许多单个的意志的相互作用中产生出来的"。这也就是强调，人在社会发展、历史前进之中，不只是看客或者参与者，而且是积极的创造者与推动者，不仅仅是那些英雄人物，每一个人在社会发展、历史前进之中都在贡献着自己的力量。当然，有时我们对历史的影响不是我们能够清晰地观察到的，这是因为每个人的力量合在一起，构成了"无数个力的平行四边形，由此就产生出一个合力"，是这个合力在推动社会发展与历史前进。对于每个意志的合力对社会发展产生作用的论述，就是告诉我们要充分重视人在社会发展中的作用，人是有能动性的，人不是盲目地顺从自然，也不是充当经济规律发展变化的看客，人的活动实际上是一种创造性的过程，人对社会发展的能动性尽管不是能够清晰所见的，但的确是在真实地发挥作用的。恩格斯在其著作《神圣家族》中还充分肯定了作为实践主体的人在历史创造中的主动性、自觉性和有目的性，正是人具有主观能动性，才能不断创造更新着自己的历史，正如文中所说的："历史并不是把人当作达到自己目的的工具来利用的某种特殊的人格。历史不过是追求着自己目的的人的活动而已。"

每个意志的合力的作用，还告诉了我们另一个道理，那就是要充分尊重每一个人对社会的贡献，不管他是身居要职的高官，还是社会的普通一员；不管他是从事脑力劳动的白领，还是从事体力劳动的民工，都对社会发展与历史前进贡献着自己的力量。归根结底，是人民群众在共同推动社会的发展，在共同创造着历史。

需要指出的是，历史合力虽然由众多的分力构成，但并不是它们的简单相加，而是有序、有机、有层次地组成复杂的合力系统的。一方面是经济因素、政治因素等各种因素的合力作用，可以称为客体的合力；另一方面是工人、农民、政治家等不同的人的合力作用，可以称为主体的合力；同时也是人在受制于各种既有经济、政治、文化因素的基础上，进一步对各种因素添加新的内涵的过程，换言之也是主体与客体的合力过程。同时，恩格斯进一步指出，在不同的社会形态或同一社会形态的不同发展阶段，各分力的作用和地位是不完全相同的。

恩格斯给布洛赫的回信，不仅解决了这位勤学好问的年轻人心中的疑惑，同时也以清晰透彻的说理进一步解读了历史唯物主义，对于资产阶级知识分子对历史唯物主义的故意歪曲是掷地有声的回击，对于一些共产主义者对历史唯物主义的误解也起到了拨开云雾见青天的作用。同时，也让我们这些后人得以更加清晰透彻地理解历史唯物主义，避免在学习、研读马克思恩格斯经典著作的过程中出现走弯路、入迷途的情况。

实际上，历史合力论的思想不只是体现在《恩格斯致约瑟夫·布洛赫》这封信中，而是在马克思恩格斯的著作中一以贯之的。在这封信之前的马克思恩格斯著作中，和在这封信之后的恩格斯的著作中，都在篇章中字里行间地体现了历史合力论的思想，只是没有像恩格斯这封给布洛赫的信一样，明确地提出了历史合力论这个词汇，明确地谈了历史合力论可以从哪些方面理解。在这封信中，恩格斯本人就说"在马克思所写的文章中，几乎没有一篇不是贯穿着这个理论的"。恩格斯还举了马克思所写的《路易·波拿巴的雾月十八日》这一著作，和恩格斯自己所写的《欧根·杜林先生在科学中实行的变革》这样的例子，来说明他们的著作中对于历史合力论的贯彻是自始至终的。下面，就让我们分别通过马克思和恩格斯的几部著作和文章来看看马克思恩格斯的文章中是如何贯彻着历史合力论思想的吧。

第三节　贯穿马恩著作的历史合力论

让我们首先来看看马克思的重要著作《路易·波拿巴的雾月十八日》是如何贯彻历史合力论思想的。1789年开始的法国大革命跌宕起伏、悲壮曲折，1794年的热月政变结束了革命的上升阶段，而拿破仑在1799年发动的雾月政变则为延续达十年之久的大革命画上了句号。此后，拿破仑在1804年建立了法兰西第一帝国，自称拿破仑一世，1815年法兰西第一帝国在欧洲各国组成的反法联盟的猛烈打击之下垮台，随之而来的是法国波旁王朝的复辟。

1830年的七月革命结束了波旁王朝的统治，依靠人民起义登上王位的路易·菲利普建立起奥尔良王朝，全力发展经济。但是1848年的二月革命又把路易·菲利普赶下台，建立起法兰西第二共和国。很快，各个阶级之间又展开了你死我活的大搏斗。

路易·波拿巴，生于1808年，他的父亲是拿破仑的二弟荷兰王，他的母亲曾是法兰西皇后约瑟芬的女儿奥尔唐斯·德博阿尔纳。由于父母不和，路易·波拿巴从小便生活在一个濒临破裂的家庭中，极端压抑的气氛养成了他孤僻自傲的性格，他从小就把他的伯父拿破仑视为榜样。随着1815年法兰西帝国的瓦解，路易·波拿巴尽管已加入了瑞士籍，但仍公开宣布他已成为拿破仑家族皇位的继承人，于1836年10月和1840年8月两次潜回国内发动军参政变，妄图借其伯父拿破仑的崇高威望，重新夺取权势。然而这两次政变均以失败告终。

1848年法国爆发二月革命后，路易·波拿巴乘机返回法国，他凭借着各种关系和个人能力，很快一鸣惊人。他先进入制宪会议这一拥有实权的机构，后来主要依靠农民的选票当选为共和国总统。1851年12月2日他发动政变，解散议会，并通过公民投票使政变合法化。1852年12月2日在他的主导下，元老院宣布恢复帝国体制，路易·波拿巴成为法兰西人的皇帝，称拿破仑三世。

关于这段虽然时间不长却错综复杂的历史，当时不少人进行了不同角度的分析，但只有马克思的《路易·波拿巴的雾月十八日》进行了科学、合理的阐释，并且在这篇长文之中，很好地贯彻了历史合力论思想。

为说明政变的真正原因，马克思发表了这篇文章，共分七个部分。文章高度评价了法国二月革命的意义，表明无产阶级与资产阶级的矛盾已上升为社会主要矛盾，法国革命将揭开新的篇章，这揭示了路易·波拿巴上台前各种力量的对比情况。

在分析路易·波拿巴政变成功的原因时，马克思更是很好地贯彻了历史合力论思想，将深刻的政治、经济和社会原因都纳入考察的视野，阐述了个人在历史上的作用以及要综合评价历史人物，指出每个社会会按自己的时代要求创造出伟人来；分析了社会意识和社会存在的关系，指出不同的所有制形式和社会生存条件将产生不同的社会意识；探讨了政治与经济的关系，阐明经济有其自身的发展规律、经济对政治有决定性影响的唯物主义观点。

同时马克思也强调除经济之外的其他多方面因素对于这样一次重大历史事件发挥的作用。马克思不否认，当时的各个政治派别，包括广大农民，之所以愿意将路易·波拿巴推上领导者的宝座，还有旧日的回忆、个人的仇怨、忧虑和希望、偏见和幻想、同情和反感等种种心理因素。马克思由此得出结论说："在不同的占有形式上，在社会生存条件上，耸立着由各种不同的、表现独特的情感、幻想、思想方式和人生观构成的整个上层建筑。整个阶级在它的物质条件和相应的社会关系的基础上创造和构成这一切。"自从二月革命以来，资产阶级掌握了政权，而其统治是以对其他阶级的压迫为依托的，在其他阶级的利益诉求与其冲突时，资产阶级毫不犹豫地撕去了温情脉脉的面纱，抛弃了曾经的共和的原则，以国家暴力的反革命方式破坏了无产阶级和小资产阶级的两次起义。但是在资产阶级专政的时代下，债务和税收剥削着人数众多的小农，小农出于对拿破仑时代的怀念，所以推举波拿巴作为其代表，而更重要的是，其他阶级从拿破仑的名字中看到了极不同的意义，出于其自身阶级斗争的考虑，最终，这些综合因素共同作用使波拿巴这个被各方面寄予了虚假希望的人，从当选总统到架空议会再到复辟称帝，一步步地获得了最高权力。

由此可见，尽管《路易·波拿巴的雾月十八日》是讲述了漫长的历史长河中一个相对短促的事件，但就这一事件本身的分析也要综合各方面的因素进行考虑，既包括经济、政治等因素，也包括不同群体、不同个人的心理因素等，这是对历史合力论的很好的贯彻。同样，在恩格斯的一系列著作中，也淋漓尽致地体现了历史合力论思想。

恩格斯历史合力论的观点在《路德维希·费尔巴哈和德国古典哲学的终结》第四章中就已初步形成。他认为，与自然界的发展特点不同，社会历史的发展是在社会历史领域内展开的，是具有自觉意识和特定追求、作为社会主体的现实的人实践活动的结果。历史也是在人的这一自觉意图和预期目的下一步步向前发展的。"无论历史的结局如何，人们总是通过每一个人追求他自己的、自觉预期的目的来创造他们的历史，而这许多按不同方向活动的愿望及其对外部世界的各种各样作用的合力，就是历史。"在实践活动中，每个个体的不同意愿、不同目的及不同实践方式相互作用而形成的总"合力",是推动该社会前进的基本动力形式,并决定历史的发展进程和趋势。

下面我们再来看看恩格斯的《欧根·杜林先生在科学中实行的变革》是怎样贯彻历史合力论的。《欧根·杜林先生在科学中实行的变革》实际上有另一个耳熟能详的名字——《反杜林论》。欧根·杜林出生于德国一个大官僚家庭。他是柏林大学讲师,小资产阶级思想家。早在1867年,马克思的《资本论》第一卷出版后,他就写文章进行"批判"。可是,在1875年前后,他却摇身一变,公布改信社会主义,并以社会主义改革家自居,扬言要在科学中实行一次全面的改革。他发表了一系列著作,散布庸俗经济学观点,抹杀无产阶级和资产阶级之间的对立,歪曲马克思的剩余价值学说,宣扬资产阶级改良主义,用伦理社会主义对抗科学社会主义。由于杜林的错误理论是打着社会主义招牌,并以科学的面貌出现,所以在德国党内外产生了很大影响。

恩格斯在写作《反杜林论》的过程中,得到了马克思的赞同和积极协助。马克思看过《反杜林论》的全部手稿,还亲自写了《政治经济学编》的第十章《批判史》，批判了杜林在经济学说史方面的错误。《反杜林论》共分五个部分，即序言、引论、哲学、政治经济学、科学社会主义。"序言"主要有三版，是说明《反杜林论》一书出版的历史背景。"引论"部分设有两章，其中心思想是阐述社会主义怎样从空想变成科学的。"哲学"设有十二章，恩格斯严厉批判了杜林反动的唯心主义先验论，系统地论述了马克思主义的唯物主义反映论。"政治经济学"共有十章，其中第十章是马克思写的。前四章论述政治经济学的基本观点和方法，科学地说明了政治经济学的历史性和阶级性，批判了杜林在政治经济学上的先验主义和形而上学观点；第五章到第九章论述了政治经济学的主要范畴、价值和价值规律等，批判了杜林的庸俗政治经济学；第十章是政治经济学说史的论述，批判了杜林的历史虚无主义。"科学社会主义"部分主要对杜林庸俗理解社会主义进行了有力的反击，阐释了科学社会主义的内涵。

原著的篇幅很长，分不同的层面对杜林进行了批判，在行文过程中，恩格斯和马克思不断批判并纠正杜林的错误认识，并不断告诫我们无论是思考哲学问题，还是思考经济学问题，都不能只是简单地注意到哲学或者经济学本身的内在逻辑问题，还要认识到其他因素的作用。在分析经济发展时，也要考虑到经济发展的多个维度，对经济发展能够产生影响的不同因素，不能将复杂的经济问题简单化。在这部著作中，恩格斯的很多语句直接阐明了历史合力论的观点。如恩格斯在这篇文章中论述了经济基础与上层建筑的关系：

"以往的全部历史，都是阶级斗争的历史；这些互相斗争的社会阶级在任何时候都是生产关系和交换关系的产物，一句话，都是自己时代的经济关系的产物；因而每一时代的社会经济结构形成现实基础，每一个历史时期由法律设施和政治设施以及宗教的、哲学的和其他的观点所构成的全部上层建筑，归根到底都是应由这个基础来说明的。"

在1890年之后，恩格斯同样在很多著述和信件中孜孜不倦地提醒人们要用历史合力论的观点去分析问题。如1893年恩格斯在《恩格斯致弗兰茨·梅林》的信中也涉及了这方面的主张。恩格斯批判了保尔·巴尔特之流把意识形态看作是脱离物质、脱离社会经济关系而存在的谬论；恩格斯在对经济因素在合力中的基础和根源作用予以充分肯定时，也不失对上层建筑反作用的肯定，侧重于阐述意识形态等上层建筑的相对独立性及对经济基础的反作用原理，充分捍卫了唯物史观的辩证性和科学性，是对历史合力论的重大发展和完善。

前文已经提到，1894年恩格斯在《恩格斯致瓦尔特·博尔吉乌斯》的信中也再次明确地阐释了历史合力论思想。瓦尔特·博尔吉乌斯直接给恩格斯写信进行求教，恩格斯的回信除继续强调经济基础的决定性作用之外，还指出了历史发展中偶然性和必然性的关系，正像曲线（指偶然性）和中轴线（指必然性）的关系，这个轴线归根到底是经济发展的轴线，唯物史观认为，我们所看到的历史上一切偶然现象，都不是无缘无故发生的，而是有一定的经济必然性和客观规律的。同时，恩格斯也全面系统地阐明上层建筑的反作用。恩格斯认为，一定的经济状况和水平产生相应的上层建筑，但一定的上层建筑已经产生，就会在经济基础起决定作用的范围内，具有自己的运动规律和发展阶段，具有相对独立性，并反过来作用于经济基础。恩格斯将经济基础与上层建筑的辩证统一和相互作用完整地揭示了出来。恩格斯在信中还指出，人类在实践活动中，通过发挥自己的主观能动性和创造才能缔造着历史，并通过上层建筑对经济基础发生影响，而不是经济状况自动发生作用的。

晚年的恩格斯为了更好地贯彻历史唯物主义思想，减少曲解与误解，不断阐释、丰富历史合力论思想，并使历史合力论成为唯物主义史观的重要组成部分，无论是对于马克思主义的进一步传播，还是对于我们活学活用马克思主义理论，都起到了重要的积极意义。

第二章　经济基础与其他因素的合力

马克思恩格斯一贯强调经济基础的重要作用，但这并不是否定其他因素不能发挥作用。历史的前进方向虽然归根结底是生产力的发展与生产关系的调整，但政治因素、法律因素、宗教因素、历史传统、自然地理、国际关系等都会对某一个国家乃至世界整体的发展产生或多或少的影响。生产力与生产关系的相互作用为我们描绘的是整体人类历史的前进方向，但在具体的历史事件中，每一个事件的发生、发展都不可能只是由经济因素决定的。因此我们在首先认识到经济基础的作用之后，也要对其他诸种因素有更为深入的认识，这样我们才能够更好地理解和掌握历史合力论，也才能更好地运用历史唯物主义原理，运用历史合力论去分析问题，解决问题，最终让马克思主义思想大放光芒。

第一节　经济基础的作用

恩格斯在1894年《恩格斯致瓦尔特·博尔吉乌斯》的信中，以言简意赅的语言总结了经济因素对于历史发展的作用。他指出："我们视之为社会历史的决定性基础的经济关系，是指一定社会的人们生产生活资料和彼此交换产品（在有分工的条件下）的方式。因此，这里包括生产和运输的全部技术。这种技术，照我们的观点看来，也决定着产品的交换方式以及分配方式，从而在氏族社会解体后也决定着阶级的划分，决定着统治和被统治的关系，决定着国家、政治、法律，等等。"

劳动是人类区别于动物的主要标志。在人类社会中，劳动主要表现为人类改造自然、利用自然的各种活动，而生产力正是衡量和体现人类改造自然能力的高低。生产力包括劳动者和劳动资料，劳动资料又包括生产工具和劳动对象，在这其中起决定性作用的因素是劳动者。人类是一种高级的智能生物，具有极强的主观能动性，人类可以通过自己的创造性不断提高生产力水平，从而推动经济、社会不断向前发展。

在原始社会早期，社会生产以狩猎和采集为主，个人使用的工具以自制为主，并且比较粗糙，基本没有经过细致的加工。男子主要从事狩猎，女子主要从事采集，因为狩猎和采集的工具都比较低下，因而狩猎和采集所获的食物仅够维持温饱，甚至也有忍饥挨饿的情况存在，没有剩余产品，也就没有剩余产品的分配，私有财产制度也就没有建立起来。后来，随着工具的改进，原始人获取食物的能力大大提升，原始人也学会了种植农作物和养殖牲畜，这样剩余产品就大大增加了，并且也出现了较为细致的劳动分工。

原始社会末期，剩余产品的出现激发了人们扩大消费的欲望，与此相对应表现为对其他氏族的掠夺，对外掠夺中胜利的一方又往往将失败的一方作为奴隶进行占有，让这些奴隶为他们劳动、生产产品。于是奴隶社会形成了。在奴隶社会，铜、铁的冶炼，最大的可能是战争的需要，但用作农具却起到了划时代的意义。铜的金属性质比较差，不能替代石制农具，只有铁制农具质坚而刃锋，用于制作铁犁不易崩缺，适于农耕，制作的铁锄、铁镰也轻而锋利。铁制农具的出现，极大地促进了社会生产力的发展，整个社会对土地的需求成倍地增加，铁斧等工具的使用也使这种需求能够得到满足。社会劳动生产力有了一个质的飞跃，打破了奴隶主对劳动过程监督的旧有平衡，出于提高劳动产出的需要，客观上逼迫奴隶主主动去寻求新的生产关系，寻求一个全新的生产方式。这就是奴隶社会向封建社会转变的重要原因。

新的生产关系以契约方式实现，地主为一方，佃户为另一方，双方分别投入土地和劳动，地租归地主所有。这种封建生产方式无论是在中国还是在西方国家都维持了相当长的历史时期。在这长时段的历史过程中，生产工具也不断得到改进，生产技术也不断得到提升。伴随着农业产品的增加，商人、手工业者大量出现，社会上的工种与行业空前丰富。但由于生产力和生产关系都没有发挥质的转变，所以封建社会时期是相对漫长的。

兴起于15世纪末16世纪初的大航海时代，加速了世界之间的联系，并推动着科技的进步。到了18世纪，欧洲国家已经相继进入大工业时代，尤其是工业革命加速了大工业时代的来临，资本主义生产关系也迅速在欧美国家确立。资本主义时代的来临极大地改变了之前的生产结构，一处处现代化工厂鳞次栉比，封建社会中地主与农民的对立也演变为资本主义社会中资本家和工人的对立，而这一切改变的发生，又都是生产力进步的结果。

马克思和恩格斯注意到了资本主义社会中资本家对工人的剥削，注意到了资本主义生产关系仍需要改进，于是提出了共产主义社会的理想。但是共产主义的实现不是一蹴而就的，需要渐进式的发展，需要逐步从资本主义社会过渡到社会主义社会，再从社会主义社会过渡到共产主义社会。而要促成这种转变的发生，就要不断地提升生产力水平，只有生产力水平突破了资本主义阶段的发展水平，才能使资本主义的生产关系转变为共产主义的生产关系。

以上是从社会的宏观演变来看经济因素对于历史发展和社会进步的重要作用，实际上在细微的层面，经济因素同样是国家与社会发展的主导性因素。只有一个国家的经济水平提升了，它才能够在国际上获得应有的国际地位，才能够在世界上承担起更为重要的责任和义务，从而为整个世界的共同发展作出贡献。旧中国的经济水平跟欧美列强比较起来，相差甚远，所以从1840年的鸦片战争一直到第二次世界大战，我们受尽了屈辱。但是当新中国建立之后，尤其是改革开放之后，我们走上了经济迅速发展的道路，并且在短短三十年的时间里取得了令世界瞩目的成就，目前我国的经济总量已经位于世界第二位，仅次于美国，而这也使我们重新扬眉吐气，重新屹立于世界强国之林。同时，中国经济的迅猛发展，不仅对于中国本身意义重大，昭示着我们已经走上了复兴之路；对于世界上其他的发展中国家还具有重要的借鉴意义，有利于促成其他发展中国家的进一步发展。

综上所述，经济基础是历史发展、社会进步、国家富强的根源，因此我们应该充分认识到经济因素在历史合力中的重要作用。

第二节　政治因素的作用

尽管经济因素是历史发展与社会进步的最重要因素，生产力水平与生产关系之间的互动规律是人类社会最重要的规律，但这不意味着其他因素不能够对生产力与生产关系产生影响。在这一部分，我们主要考察一下政治因素对于历史发展与社会进步的影响。

政治因素实际上包括的层面也非常广泛，既包括不同历史时期政治组织的不同形式，如封建国家组织形态、资本主义国家、社会主义国家组织形态，封建社会的国家主要表现为王权专制，资本主义和社会主义的国家主要表现为主权国家。在具体的国家之间也存在着千差万别的政治体制，如有的是社会主义民主制，有的是议会民主制，有的是立宪君主制，等等。再深入一个国家的内部，国家各部门之间关系的差别，选拔公务员制度的差别，等等，都会对国家与社会的整体发展产生重要的影响。

1640年英国最先爆发了资产阶级革命，这次革命的核心议题就是改变政治体制，寻找更适合资本主义发展的政治体制。这次革命几经挫折，最后通过1688年的光荣革命，实现了君主立宪制的资本主义政治体制，适应了英国资产阶级发展的需要，英国迅速走向强大。

同样的情况也出现在19世纪中叶的日本。日本在19世纪中叶之前曾长期处于幕府体制之下，幕府将军是政府的实际统治者，天皇只是名义上的国王。幕府统治之下，武士阶层拥有很多的特权，这些特权也是日本封建制度的重要组成部分。后来，当中国遭遇鸦片战争，日本也遭遇美国海军军舰叩关之后，日本的一些开明人士开始向西方学习，并力争变革日本的政治体制，以使日本走上富强之路。1868年日本发生了明治维新运动，维新派人士推翻了幕府的统治，在明治天皇的主持之下，日本开始了大刀阔斧的改革，其中的很多内容都是直接与政治组织、政治架构相关的，比如废藩置县，消灭了封建割据，加强了中央集权，取消了武士阶层的特权等。明治维新的推行使日本迅速走上了富国强兵的道路，并展开了对周边国家的蚕食，成为第二次世界大战中的法西斯国家。

第二次世界大战结束之初，美国本来想扶植蒋介石所领导的国民党集团，以便和苏联在东亚地区展开争夺。但由于蒋介石失去民心，败退台湾，中国人民在中国共产党的领导下建立了中华人民共和国，并与苏联发展友好关系，美国转而扶持日本。为了减少对日本的打击，使日本能够在稳定中迅速恢复并发展经济，美国动用了政治手腕。首先，美国使日本成为被美国独占的国家，之后在惩处法西斯战犯时故意偏袒日本，使很多日本战犯免于死刑或免于惩罚，再者美国维持了日本的天皇制，没有对天皇进行追责。这一切都是为了让日本社会能够保持最大程度的稳定，之后迅速发展，成为美国在东亚遏制苏联和中国的一个砝码。

在国与国之间，民族主义因素还会成为影响国家间关系发展的重要政治因素。东北亚地区在冷战结束之后，消除了意识形态的阴霾，才真正开始彼此尊重对方的主权，没有了一种因冷战氛围而强加的敌对意识。在冷战后的东北亚，可以说出现了均势局面，这是一种复杂的均势关系。中国和俄罗斯本身都是大国，并且是安理会常任理事国；日本的经济发展水平最高，经济实力强大，且有超级大国美国作为盟友。因此中国、俄罗斯、日本构成了一种均势格局。同时韩国作为美国的盟友，也依靠自己的经济发展和与美国的亲密关系，想在东北亚地区发挥重要的作用。朝鲜因为本身的经济较为落后，难以与其他东北亚国家抗衡，转而走军事道路，依靠核威慑来提升自己的政治地位，因此朝鲜半岛的核危机一直持续到今天也没有解决。

在东北亚地区，有过对抗历史，有着领土争端，加之作为民族国家的东北亚各国历史较短，各国在现代条约体系中磨合的时间也较短，就使得民族主义的外向型表现十分强烈。尤其在后冷战时代，随着传媒甚至个体对国家间关系影响的扩大，往往使东北亚各国的民族主义表现更为频繁且非理性因素越来越重，甚至不排除民族主义有时会成为个体或集团加以利用的砝码。在后冷战时代，民族主义的表现方式已经是一种全民性参与的行为。东北亚各国目前存在的民族主义情绪，既有历史上的情结，也有地缘政治上的现实，还有某些国家某些媒体的负面作用，也包括一些个人或集团的推波助澜。但不管是哪一种情况，民族主义情绪的高涨都是不利于区域稳定，也不利于区域国家共同发展的。

综上所述，政治因素的影响是方方面面的，既包括一个国家内部的改革与发展，也包括国家间关系的选择与构建，还包括一国政府在具体的执行政策过程中解决问题的方式。同样一个问题，如果政府解决的方式与策略不同，收到的效果也会出现很大的差异。因此，我们在重视经济基础对于社会发展与历史进步的作用的同时，不能忽视作为上层建筑的重要内容的政治因素。尤其在社会主义国家中，我们每个人都是国家的主人翁，更应该有积极的政治参与意识，为政治的发展与进步添砖加瓦。

第三节　法律因素的作用

作为上层建筑的法律因素，同样对社会发展与历史进步有着重要的作用。马克思恩格斯在他们的著作里，曾经多次提到法律因素对整体历史或者具体事件的影响。法律的存在从几个方面保障了社会进步。

法律的存在，首先能够保障个人的人身权利和合法的财产权利不受侵害。人的生命是第一位的，因此保障人的人身权利也是第一位的。如何保障个人不会无端地受到侵害，就成为国家制定法律所要考虑的重要内容，无论是封建社会、资本主义社会，还是共产主义社会，都无一例外地要制定法律保障个人的人身安全。但在不同的历史时期，可能不同的法律对于不同阶层的人的生命保护程度是不同的，换言之，在奴隶社会、封建社会，尽管法律已经存在，但没有做到法律面前人人平等。

在中国的封建王朝时期，就有一种说法，叫作"刑不上大夫"。就是说有权有势的士大夫阶层，即便犯了法，一般情况下也是不会受到法律制裁的。而作为全国的最高统治者皇帝，更是没有法律可以约束到他。这种情况在欧洲的历史上也是如此。这种不平等的状况是不适合人类的整体利益的，从根本上来讲，大家的生命权应该是平等的。所以欧洲资本主义性质的国家出现之后，就废除了之前王公贵族在法律上的特权，任何人的生命权利都不允许被随意践踏。中华人民共和国成立后，我国也废除了之前法律上一切的不平等条款，规定法律面前人人平等。

除了个人的生命需要通过法律得到保障，个人财产不可侵犯也是社会稳定与和谐的重要基础。法律制定的初衷之一就是保护个人财产。只有个人财产受到了法律的保护，每个人才能够不断地靠个人努力去创造财富，而个人在创造财富的同时，国家与社会的财富总量也在增加，国家的财富总量增加之后，就能够有更多的资金回馈社会，从而使国家与社会进一步向前发展。试想，如果缺少了法律对个人财产的保护，那么人类社会就会沦入丛林法则，即像动物一样进行自然状态下的弱肉强食，强者抢夺弱者的财富，这样整个人类社会就将陷入混乱之中。

法律规定了人的生命权、财产权不容侵犯，而一旦有人恶意侵害他人的生命和财产，那么法律就要发挥它的制裁作用。比如杀人犯、抢劫犯要根据他们的罪行轻重判处不同的刑罚。通过刑罚的方式一方面让犯罪者本身自食恶果，另一方面也对其他人构成威慑，向世人表明一旦违法就要受到惩罚。法律的惩罚作用在惩治坏人的同时，也在对整个社会起到教育作用，告诉人们什么是可以做的，什么是不可以做的，一旦触犯了法律，就要付出代价。正是这种鲜明的导向作用，让社会得以长治久安，为国家的整体发展，为社会的进步创造了积极的环境。

我们环顾今天那些发展陷入困境的国家，诸如海盗猖獗的索马里，这样的国家之所以没有能够成长为像中国这样的强盛国家，其中很重要的原因就是其内部的法律得不到很好的贯彻执行，而法律得不到很好的贯彻执行，社会就有了沦入丛林法则的状态，人们就不能构建起和谐的社会关系，因此国家整体发展举步维艰。

社会发展到今天，人们对于法律的期望已经不仅仅是维护生命、财产安全那么简单，法律还在其他众多方面对人们的权利进行了保障，如平等的选举权。平等的选举权是人类历史进步的标志性成果之一。世界各国人民为了平等的选举权被写进法律也进行了长期的斗争。比如美国，在独立之后，于1787年推出了美国历史上的第一部宪法，这部宪法高呼天赋人权、自由平等的口号，但这部宪法并没有给所有美国人以平等的选举权，黑人的选举权被剥夺了。而黑人为了争取平等权利，争取选举权，经过了将近两个世纪的抗争。我们知道在20世纪60年代，美国一位著名的黑人领袖马丁·路德·金发表了一篇慷慨激昂的演说，题目叫《我有一个梦想》。就是这位黑人领袖的振臂高呼，让美国政府从法律上肯定了黑人和白人有相同的权利，包括选举权。但这位黑人领袖却于1968年不幸被刺杀身亡。之后，美国政府才逐步给了黑人平等的权利。

平等的选举权意味着一个人可以以自己手中的投票选出

自己的代表，选出自己认可的领导人，这是一个人得以参与国家事务，影响国家未来的重要权利。因此，从法律上肯定人们平等的选举权，也是法律能够直接影响国家发展的重要内容之一。中华人民共和国在建立之初，就在宪法中规定，18岁以上的公民都有平等的选举权，我们不存在任何的歧视和不平等条款。目前，我们的基层民主建设越来越好，在很多偏远的乡村，都已经实现了村民的直接选举，他们可以直接通过自己手中的投票选出他们认可的领头人，带领他们一起走上致富之路，走上小康之路。这是我国宪法赋予公民的权利，也是法律得以让我们真正成为国家主人的重要保障。

综上所述，法律因素在社会进步与历史发展中起着非常重要的作用，和其他因素一起成为历史合力中的重要因素之一。我们只有认真审视法律因素的作用，才能够全面理解历史发展与社会进步的不同层面。

第四节　宗教因素的作用

在世界历史的发展进程中，宗教因素曾经起过非常大的作用，直到今天，宗教因素也是社会发展甚至是国际关系中不得不考虑的一个重要因素。

在原始社会，当原始人懵懂无知时，他们惧怕很多自然现象，比如电闪雷鸣，比如咆哮的大江大河，比如难以逾越的高山，等等，于是他们认为雷、电、山、河都是有灵性的，都是神，于是就出现了宗教的最初萌芽——万物有灵论。后来，随着人类的知识越来越丰富，万事都是神灵的这种观念逐渐消失了，但他们并没有放弃对于神的想象，于是塑造出了一些主要的神。在古希腊、古罗马时代，这些被人们想象出来的神被认为就居住在希腊的奥林匹斯山上。今天，奥运会圣火的采集是在希腊的奥林匹斯山，就跟这古老的神话传说有关。

后来基督教的出现，使之前传说中的居住在奥林匹斯山的众神变得黯然失色了，随着基督教被定为罗马帝国的国教，基督教对欧洲的影响开始变得举足轻重。尤其是在公元500年至公元1500年之间，即在欧洲的历史被称为中世纪的这长达1000年的时间里，宗教的影响几乎遍布人们生活的方方面面，上到国王，下到百姓，概莫能外。宗教对于社会生活的这种影响，被学者们概括为双元社会结构，即一方面是各国的国王对本国的统治，另一方面是庞大的宗教系统对各国的管理。在中世纪，教会还不断破坏科学上的发展进步，对一些科学家进行迫害，如宣传日心说的布鲁诺就被教会用火烧死了。教会的这种做法无疑延缓了社会进步。

后来，欧洲爆发了宗教改革运动，一些改革者宣扬基督教信徒可以直接忠诚于上帝，而不必凡事都听命于教会。之后伴随着文艺复兴，伴随着对于科学禁锢的解除，欧洲才有了飞跃式的发展。

在宗教改革运动中，一部分英国人从欧洲大陆漂洋过海，来到了北美大陆，并逐渐发展成了美国和加拿大。尤其是美国，自1774年独立战争开始，到1781年真正实现独立后，美国迅速成长为世界上的重要大国。而美国为什么会在短短的二百多年时间里，成长为如今全球唯一的超级大国，一些欧美学者在寻找美国的成果因素时也考虑到了宗教因素，认为美国的新教伦理、清教徒精神对于支持美国人的成果取得了很大的作用。所谓新教伦理和清教徒精神，就是指中世纪末期那些宗教改革者要求简化宗教仪式、减低教会作用、强调个人直接忠诚于上帝的一系列观念。而最早到美国去建立十三块殖民地的人恰恰就是当初欧洲被称为清教徒的那些人。

现在，在欧洲，在美国，乃至在全世界，仍有很多人信仰基督教，对基督教教义的贯彻已经深入到他们的日常生活之中，对于他们的为人处事起着潜移默化的作用。除了基督教，其他宗教，如伊斯兰教、犹太教、佛教等，也对不同国家的不同历史发展，不同区域的不同人的生活，起着或多或少的影响。

伊斯兰教在公元7世纪由穆罕默德在西亚地区创建，随后迅速向周围传播。自伊斯兰教创立之时起，就对亚洲和非洲的历史进程产生了重大的影响。今天仍有很多国家和民众信仰伊斯兰教。

信仰犹太教的群体主要是犹太人。正是犹太教这种强大的宗教纽带，使曾经散居在欧洲各个国家的犹太人彼此之间仍能够形成强烈的认同感。

佛教是除基督教和印度教之外的世界三大宗教之一。对于全球政治局势影响不及基督教和伊斯兰教，因为佛教主要关注人本身的内心自省问题。但即便如此，佛教对于国家的发展同样能够产生影响，比如在中国封建社会时，就因为有的皇帝信仰佛教，有的皇帝排斥佛教，不断兴起兴佛运动或排佛运动，对于社会经济的发展和人民的日常生活产生了不小的影响。现在佛教仍在亚洲地区广泛传播，并在有的国家成为国教，在国家的内政中影响重大。

除了以上提及的这些宗教，在不同国家还有一些独具特色的宗教，宗教在政治、经济、文化乃至在国际关系中都发挥着一定程度的影响，在一些宗教氛围浓厚的国家，宗教因素甚至远超政治因素、法律因素，而成为上层建筑中影响国家发展的最为重要的因素。由此可见，作为上层建筑之一的宗教因素，同样是历史合力中不可忽视的一环，有时候人们信仰的不同取向，就决定了发展的不同方向，这也是为什么西方的发展模式不能被照抄照搬到其他国家的重要原因之一。

第五节　历史传统的作用

世界上有不同的宗教和不同的文明，实际上已经从一个层面昭示了不同的国家和地区有不同的历史传统，这些历史传统的差异也对于不同国家的发展产生着深远的影响。在具体的文明差异上，我们更可以看到中国、印度、日本这些亚洲国家与欧美国家的差异。中国人在几千年的时间里倡导男耕女织、恬淡自然，并且将儒家的修身、齐家、治国、平天下看成是安身立命的根基；印度因为印度教和佛教的关系，倡导玄想，色即是空，空即是色，万物为表相就是其重要表现；日本人善于学习外来文学，崇拜强者，但在武士刀之外也看中插花、浮世绘等，可谓是菊与刀的结合。但是自殖民时代以来，欧美各国却一直要在这些亚洲国家中推行自己的价值观，按照自己的利益需求去塑造整个世界。

当西班牙、葡萄牙的船队带着火器和病菌开启殖民时代时，就在尽力宣扬自己一方上帝的崇高，并恨不得将所有非欧洲地区都囊括在欧洲之下。此后，英国、法国、荷兰等国无一例外地开展殖民扩张，它们并未将殖民地地区看成与自己拥有同样的身份与平等地位的地区，它们将其他地区看成是没有生存权利的，在这种观念与贪欲的驱使下，亚非拉等地相继沦落。

当殖民地建立起来时，殖民者不仅打破了原来的权力结构，他们成为当地最有权势、最说了算的力量，他们还根据自己的利益需求要么把一些理念强加给殖民地，要么维持当地的一些社会结构并要加深当地的各种冲突，以便借力打力，这都为后来这些国家独立后的发展埋下了隐患。殖民者在塑造殖民地的行政体系时，完全是为了自己榨取方便，要么仍维持某一部族的统治，要么故意加深部族之间的矛盾，殖民者从来没有认真考虑过创建一套适合殖民地本身特点的发展道路，没有考虑到拥有不同历史传统的国家或地区应该有适合自身特色的发展道路。也因此，殖民者的管理方式为殖民地独立后发展制造了更多的障碍而不是铺平了道路。

第二次世界大战之后，曾经的殖民地相继宣告独立，但一些国家很快就发现自己要么进入了动乱之中，要么就是陷入了发展的困境，正当很多这样的国家不知道何去何从时，美国给出了一剂药方——现代化。现代化思想的前提是认为所有社会都会通过即使不是完全相同也是大体相似的途径实行经济发展、社会变迁和政治现代化。换言之，就是美国认为人类不管地区差别如何，文化背景如何，应该是有同一个发展模式的。从二十世纪六七十年代开始，美国不断宣扬自己的现代化战略，认为本着自己主张的道路，那些陷入发展困境的国家就能迅速驶入经济发展的高速车道。

20世纪80年代末90年代初，国际货币基金组织、世界银行和美国财政部等组织和部门又针对发展中国家经济转轨问题提出了一系列政治建议和主张，并很快成为切实影响一些国家经济发展的现实模式，被称为"华盛顿共识"。华盛顿共识主要强调四点：第一，要削减或消除国家的限制性经济活动，主张完全开放的市场、自由的贸易以及所有金融和资本市场的自由化；第二，要求宏观经济稳定，要保证这一点，就要控制通货膨胀、削减财政赤字；第三，要使国有企业私有化，美国认为很多陷入乱局与困境的国家都是由于其政府控制的国有企业太多了，没有充分调动市场活力；第四，要紧缩财政，这个紧缩财政更加耐人寻味，因为美国认为那些难以发展的国家腐败、浪费现象严重，紧缩财政能够遏制腐败、浪费，更为重要的是美国认为许多国家在粮油、交通等方面补贴太多，应该削减。

"华盛顿共识"认为美国设定的发展模式同样适用于第

三世界那些陷入发展困境的国家，但是却没有考虑到实际情况的复杂性与多样性，没有认识到不同历史传统对于社会发展的影响。最终很多国家按照美国划定的道路去发展，却陷入了更严重的困境。

不仅经济上忽视历史传统的重要作用是错误的，政治上同样如此。在欧美的影响下，很多发展中国家认为民主的最为重要的标志就是多党制。然而，我们看一看美国、英国的历史和现实就会发现，虽然这些欧美国家倡导的是多党制，但经过长期的历史发展，这些国家基本上都是实际上的两党制，即往往有两个大的党派来主导国家的政治、组建政府，你方唱罢我登场，其他政党虽然也存在，影响力却不大。但很多仿效欧美的国家则不然，党派多得让人眼花缭乱，而且居于主导地位的党派也不只两个。例如，2001年5月，刚果民主共和国解除党禁，要求各党派重新登记注册，两年时间内就有超过230个党派注册登记。在这些党派中，影响力较大的政党接近10个，这些政党中有很多是之前存在矛盾与冲突的军事武装摇身一变形成的，因此政党之间水火不同炉的现象就很严重。

多党制本身存在的毛病就是容易相互掣肘，从而让很多政令都难以得到快速有效的实施。我们在这些陷入乱局与困境中的国家中看到的多党政治则更让人忧心忡忡，因为这些党派有很多是基于个人的私利而建立的，或者创立者原本是某一政党的领导人之一，因为在该党派中不得势，转而退出原来的政党重新组织新的政党。政党一旦被自私自利和意气之争所主导，给政治带来的就是更多的麻烦。多个党派并存，又没有一两个党派能够完全占据政府席位的时候，政府的组建就要采取联合政府的形式，即多党联合执政，这种方式看起来的确有利于民主，但也更多了掣肘的机会，在需要强大政府治理国家的各种问题时，效率是至关重要的。

由此可见，历史传统也是影响社会发展与历史进步的重要因素之一。因此，我们在衡量国家的发展时，要考虑到自己国家独特的历史传统，之后选择适应本国国情的发展道路。

第六节　国际关系的作用

对于军事史和国际关系钻研颇深的恩格斯，有大量文章探讨了国际关系因素对国家发展乃至世界进程的重要作用。

不同的人们组成了不同的国家，国家之间的互动自国家建立以来就已经存在，并且影响着国家的发展。

在法国大革命之后，拿破仑依靠自己英明的军事战略和法国人民的支持，不断东征西讨，将法国周边的欧洲大陆国家接二连三地进行军事征服，最终基本上除了西面的英国和东面的俄罗斯之外，都被纳入进了法国的统治系统。

法国的确成为侵略者，通过战争让其他国家沉浮，但法国发动的战争也的确将一些先进的政治理念带到了欧洲其他国家，这一点是不能否认的。但随着各国的民族意识越来越强，这些国家越来越不愿意受制于法国，所以各国联合起来组建了反对法国的联盟，开始驱逐法国势力，最后拿破仑在各个国家的联合围剿之下战败，被流放到一个偏僻的大西洋岛屿之上，并很快死去。一场对欧洲国家局势造成深刻影响的拿破仑战争结束了。但这次战争的意义不仅仅在于谁胜谁败，更在于在这样一场战争中，人民主权的理念更加深入人心，之前的一些王朝专制的欧洲大陆国家尽管还是尽全力维护王朝的统治，但已经变得越来越力不从心了。

到了1848年，也就是马克思和恩格斯身临其中的那个年代，欧洲各国普遍爆发的革命更是让欧洲的国际格局处于一个剧烈的调整时期。在这一时期，各国之间有征战，国家内部的统治阶级和无产阶级之间也有斗争，国家关系变得错综复杂，同时也瞬息万变。最终，当这场革命平息下去之时，各国的王朝统治的基础基本上消失殆尽——俄罗斯是个例外，工人的力量空前增强，国际性的工人协会不断成立并日趋实现联合，这就是1848年革命带给欧洲社会的新元素。

但国际关系因素，尤其是战争的爆发，有时也会延缓历史的发展，给世界各国人民构成巨大的伤害。最明显的例子当数两次世界大战。第一次世界大战爆发于1914年，于1918年结束，这是欧洲列强因为在欧洲地区和亚非拉殖民地地区存在着不可调和的矛盾与冲突而爆发的规模庞大的战争，这场战争卷入的国家数量和人口数量都是空前的，造成的人员伤亡也是空前的。战争的直观后果是使卷入战争的国家都出现了大量的人员伤亡与财产损失，但是因为在战争中各国不断发展科技，以便让本国的武器更具杀伤力，所以客观上也促进了战后科学技术的进步。

在第一次世界大战中，中国原本也是战胜国之一，但是由于当时的中国在国际政治中是一个弱者形象，也没有引起其他国家的重视，所以第一次世界大战后召开的巴黎和会上，英国、法国等欧洲列强竟然让日本接替战败的德国，接收了德国在中国的势力范围。由此可见，当时国家间关系中的不平等对我国构成了多么大的侵害。

第一次世界大战结束之后，战败国德国受到了战胜国英国、法国等国的极大限制和剥削，这种战胜国欺压战败国的做法，使德国的经济陷入了困境，人民也日益不满，所以当一个鼓吹要让德国强大起来，并再度扩张的小个子滔滔不绝地蛊惑大众时，大众竟真的将他推上了德国领导者的地位，这个小个子就是希特勒。希特勒上台后，实行了法西斯主义政策，并积蓄力量开始打破英国、法国等国的封锁，向外进行军事扩张。

此时，东亚的日本也像西欧的德国一样，想通过侵略周边国家实现自身的扩张，所以臭味相投的德国和日本实现了联合，并最终由这两个国家的对外侵略酿成了第二次世界大战。第二次世界大战比第一次世界大战更为残酷，卷入的国家更多，伤亡的人口也更多，并且把一些经济状况良好、人民生活水平较高的国家打得千疮百孔、破烂不堪。

第二次世界大战于1945年结束。在战争结束之前，参与到战争中的国家就已经意识到，如果不能够让国家间的关系得到良性发展，不想办法遏制世界大战的爆发，那么一旦新的世界大战重新来临，那么可能之前人类创造的许多文明成果都会付之一炬。基于这样一种共同理念，各国商定于1945年组建联合国，让联合国成为各国对话与合作的重要平台，也让联合国成为解决各国纠纷、避免爆发战争的平台。但联合国刚刚成立不久，就因为美苏两大集团的形成，世界发展进入了冷战时期。在冷战时期，由于美苏两国是竞争对手，因此在联合国不断互相否定对方提出的议案，而美苏两国都是联合国的常任理事国，常任理事国拥有一票否决权，所以在冷战期间联合国作用的发挥很大程度上被美苏频繁使用的否决权给限制了。

1991年苏联的解体标志着美苏冷战的结束，国际关系进入了一个新的发展阶段。联合国发挥的作用有一定程度的提升。但到了21世纪，美国为了不让联合国掣肘，绕开联合国相继发动了阿富汗战争和伊拉克战争，使联合国的威信又在一定程度上被削弱。很多国家的发展又笼罩在美国的霸权主义、强权政治的阴影之中。

2008年以来，美国爆发了金融危机，欧洲爆发了主权债务危机，美欧的力量有所削弱，中国、俄罗斯、印度、巴西、南非组成的金砖国家成为世界经济发展的主要拉动力量，同时这些国家的政治地位与国际话语权也有所提升。之前商议处理国家政治经济重大问题的八国集团主要是欧美国家，现在八国集团的地位已经被二十国集团所取代，二十国集团就是在八国集团的基础上增加了中国、印度这样的发展中国家。随着发展中国家经济的日益发展，政治地位的日益提升，相信世界的政治经济秩序会向着更好的方向发展，国家关系对于国家发展与世界进步产生的作用也将更为积极。

第七节　自然地理的作用

在历史发展中，尽管经济基础与上层建筑等诸多内容，基本上都是人依靠着自身的主观能动性创造的，但我们也不能否定自然因素的作用。恩格斯在给布洛赫的信中就写了由山脉形成的地理划分的重要作用。实际上，从人类诞生之时起，就无时无刻不与自然界产生联系。

四大文明古国——中国、印度、埃及、巴比伦的形成，最初都得益于得天独厚的地理因素，如中国有黄河和长江，印度有恒河，巴比伦地区有幼发拉底河和底格里斯河，埃及地区有尼罗河，正是这些庞大的河流，蕴藏着丰富的水资源，滋润了河流两岸的土地，使农业发展较其他地区发达，才在这些地区最先出现了文明古国。这些文明古国无一例外地都是以农业为基础，而在那些土地相对贫瘠，或者无法进行定居农业的地区，出现的是逐水草而居的游牧部落。总体上来看，游牧部落的经济发展水平低于农耕国家，所以他们不断前往农耕国家抢夺物品、人口，这就形成了历史上几次大的游牧部落与农耕国家之间的战争。

游牧部落与农耕国家之间的大规模的战争，尽管造成了大量的人员伤亡，但从客观上来说，对于促成游牧部落的发展以及世界整体上生产力水平的提升还是具有积极意义的。不仅在大的历史发展方向上，地理因素起着重要作用。在历史上具体国家的兴衰中，尤其是首都的选址过程中，自然因素也是不能被忽视的。

我国有几处著名的历史古都，如西安、洛阳、北京、南京等，在历史上建都之时，都考虑了它们独特的地理因素。西安之所以能为古都千余年，应该说是古代西安地区优越的自然地理环境为它的形成与发展提供了重要条件。古都西安在关中平原的中央，渭河之南，秦岭之北；东有函谷关，西有大散，南有五关，北有萧关，稳居于四关之中。还有"八水绕长安"，八水指的是渭、泾、沣、涝、潏、滈、浐、灞八条河流，它们在西安城四周穿流，均属黄河水系。当时的西安地区气候宜人，雨量丰沛，物产丰饶。洛阳市位于黄河南岸的伊洛盆地，洛阳的地形虽然不如西安，但是也比较险要，东有虎牢关，西有函谷关，北面有黄河天险加上邙山之固，南面群山连绵加上伊水环绕，在冷兵器时代，这些都是天然的屏障。洛阳土地肥沃，人口稠密，粮食产量极为丰富。洛、伊、涧诸河纵横流贯其间，而且地处中原的最中心，四通八达，交通最为便利，自古就是中原的交通枢纽。这些优势奠定了其成为古都的基础。从地理形势上看，北京西拥太行山，北枕燕山，东濒渤海，南望华北大平原，整个地势西北高东南低，河流纵横，具有得天独厚的地理优势，历来是中原地区和东北、西北地区交通联系的要冲。南京，位于长江下游的南岸，东边和南边有起伏的低山，把它环抱在一个盆地里。东边是秦淮河的谷地，北边是玄武湖，西边是石头山、马鞍山，东北部是钟山，形势非常险要，素有龙盘虎踞之称。

在封建社会，在冷兵器时代，直接决定改朝换代的历次战争，也考虑到了地形因素、天气因素等。比如我们最为熟悉的一部兵书《孙子兵法》，其内容很多都是关于如何利用自然因素、地理因素的，尤其是其中有一篇叫《九地篇》，更是将地形地势的优缺点以及应该采取的战略战术论述得非常详细。再比如我们最为熟悉的一场战役——赤壁大战，这场决定了三国鼎立格局的战役就是因为考虑了天气因素，孙权和刘备的联军才能够借助火攻，最后战争了在兵力上处于优势的曹操。

而如果我们考虑得更为深入，会发现自然因素对于社会发展的影响远远不止于我们能够直观地认识到的这些内容。比如美国当代的一位知名学者彭慕兰，他写了一本书叫作《大分流——欧洲、中国及现代世界经济的发展》，他在书中用大量篇幅探讨了为什么中国曾经是世界上最为强大的国家，但是近代以来中国却落后于西方，陷入了被动挨打的境地。彭慕兰十分敏锐地注意到了地质因素上的一个细节。彭慕兰论证说，在近代中国落后于西方一个重要的因素是中国的煤矿与英国的煤矿在地质特点上存在差异。中国煤炭开采中遇到的主要问题是通风问题，而通风问题很好解决。而英国煤矿遇到的主要问题是排水问题，如何排水却是个大难题，实际上正是排水这个问题促进了欧洲现代工业的发展。尽管我们未必会完全同意彭慕兰的观点，但也不得不承认自然因素的影响是确实存在的。

现在我们已经进入了高科技时代，传统的高山、大河已经不能够成为障碍，诸如煤矿是通风还是排水这样的问题在当今世界的发展中已经根本不能称之为问题，但自然因素依然是影响现代各国发展乃至全世界共同发展的重要因素之一。比如我们现在面临的环境污染问题，就是制约发展的重大问题。曾经，我们人类的目标是战胜大自然，但现在我们发现，我们向自然界的过度索取，最终使我们自食其果，需要投入大量的精力用于治理环境污染。

目前关于如何治理全球污染问题，尤其是温室气体排放问题，各国还没有达成一致。这也成为国际政治中的重要议题之一。可见，尽管我们改造自然的能力已经到了前人无法企及的程度，但我们仍然不能恣意妄为，应该尊重自然规律，应该认识到只有在保护自然的基础上进行发展，发展才是长期的和可持续的。

第三章　个人意志的合力

　　无论是英雄人物，还是普通百姓，每个人在历史发展与社会进步的过程中都发挥着自己的作用。政治家、科学家、思想家、教育家、企业家、工人、农民，大家只是分工不同。正是有了不同的分工，整体的社会才得以形成。分属不同行业的每个人都在自己的工作岗位上尽职尽责，就是在尽自己最大的努力为社会作出贡献。这种贡献不能用个人创造的物质财富或者精神财富的多少去衡量，因为单个人无论他取得多么辉煌的成就，创造出多少财富，在整个历史发展进程中都不过是沧海一粟。历史合力论正是告诉我们是我们所有个体的共同努力，是我们所有人的力构成的合力才推动了历史的前进。因此，无论我们属于哪一个行业，我们都没有理由高人一等，同样也没有理由妄自菲薄，要牢记每一个人都是历史合力的贡献者。

第一节　政治家的作用

任何一个国家的存在，都要有自己的政府，而这无论是在奴隶社会、封建社会、资本主义社会还是共产主义社会，概莫能外。每个国家的政治家们在决定自己国家的整体规划与大政方针上都起着主要作用，而他们制定出的对内对外政策则直接影响着社会方方面面的实际发展进程。大到国家的对外政策、对外战略，在国际上如何树立自身的形象，是要与其他国家和平共处，还是咄咄逼人地推行霸权主义、强权政治，小到对于个人生活的具体影响，如个人所得税政策的制定，教育政策的制定、基本医疗设施、健身设施的提供，等等。

让我们先从中国历史上的一些著名政治人物的案例来看看政治家是如何影响社会发展的。在我国历史上，秦始皇是第一个建立大一统的封建专制王权的君主，在战国混战中，他具备非常敏锐的战略意识，因此依仗着秦国历史上积累下来的雄厚实力，他得以先后灭掉了韩、赵、魏、楚、燕、齐六国，实现了书同文、车同轨的中华统一。但是在建立秦王朝之后，他的好大喜功、唯我独尊却淋漓尽致地彰显出来，然后又开始焚书坑儒，劳民伤财地建筑万里长城，最后在民怨沸腾中，秦王朝很快灭亡。这是政治家对国家发展、历史进步起到反作用的例子。同样，中国历史上也不乏政治家对国家发展、历史进步起到正面作用的例子，如唐朝的唐太宗李世民。尽管唐太宗李世民也是一位马上皇帝，在隋朝末年唐朝初年的战争之中立下了赫赫战功，但是当他当上皇帝之后却没有好大喜功、穷兵黩武，而是对内知人善任、善于纳谏，对外主张化干戈为玉帛，积极加强与少数民族的关系。唐太宗时期有一位著名的大臣叫魏徵，他总是不断指出李世民在治理内政问题上的毛病，而李世民却从来不怨恨魏徵，而是细心听取魏徵的建议，及时改正自己制定政策时出现的不足，因为他深深知道，人民大众最终是历史前进的推动者，因此凡事要从人民大众的根本利益出发，这就是他自己曾说的"水能载舟亦能覆舟"。由于李世民知人善任、善于纳谏，因此他把唐朝的内政治理得非常好，出现了"贞观盛世"的局面。在处理与少数民族的关系时，李世民一向本着兼容并包的胸怀、化干戈为玉帛的政策改善与突厥、回鹘等少数民族的关系，因此他在位时期，唐朝与少数民族的关系非常融洽，他本人也赢得了少数民族的尊重，被尊称为"天可汗"。

同样，国外的政治家们因为个人素质的差异、政策选择的差异，也对于国家乃至地区的发展构成了或积极或消极的影响。第二次世界大战的硝烟尽管已经过了六七十年，但世界人民仍然能够记得那位发起第二次世界大战的罪魁祸首之一，当时的德国元首希特勒。德国曾经也是在欧洲大陆引爆第一次世界大战的国家，在第一次世界大战之后召开的巴黎和会上，由于当时英国、法国、美国等战胜国的政治家们一心寻思要打击德国，扩张自己国家的政治权益，因此制订了苛刻的制裁德国的措施，因此也让许多德国人民对于受到苛刻制裁的情况充满了不满。希特勒就是借着民众的不满情绪，以自己较好的演讲口才，迷惑了民众，使民众误以为如果希特勒上台就能带领德国走出目前的困境，重新走向强大，于是他们一步步把希特勒推上了国家元首的宝座。但希特勒一旦掌权之后，就表现出了浓重的对外侵略意识，并最终酿成了惨烈的第二次世界大战。不仅德国人民，全球很多无辜的民众被卷入到战争中来，对于全球的共同进步与发展造成了巨大的伤害。在第二次世界大战之后，德国的领导人认识到战争只能够给本国、给欧洲乃至给全世界带来伤害，只有加强同其他国家，尤其是同周边国家的合作，才真正能够促进本国的发展、地区的发展乃至全球的发展。因此，从第二次世界大战结束至今的历任德国总理，都不断推动德国与欧洲其他国家的合作，推动欧洲一体化进程，这也是欧盟能够一步步向前发展，促进欧盟国家共同发展与共同富裕的重要推动力。

今天，世界各国的国家领导人如何选择对内对外政策，同样关乎本国、区域乃至全球的发展状况。如中国的国家领导人一直本着和平发展的理念，坚持和平共处的对外原则，反对霸权主义与强权政治，积极推动世界政治经济秩序向着更加公平合理的方向转变，对本国发展、东亚发展和全球发展都作出了积极的贡献。但我们反观日本的国家领导人，他们尽管在内政上寻求积极措施推动经济增长，但是在对外关系上，尤其是在与邻国的关系上，由于他们淡化日本的侵略历史、参拜靖国神社、强占我国钓鱼岛等一系列不友好的对外政策，成为东亚地区稳定的重要威胁。由此可见，政治家如何正确认识形势，制定正确的对内对外政策，会对社会发展、历史进步产生重要的影响。

第二节　科学家的作用

马克思恩格斯在强调经济基础的重要作用时就曾指出，科技力量的发展是生产力提升的重要因素。而科学家们正是能够推动科技进步的人。从以蒸汽机为代表的第一次工业革命，到以电气化为代表的第二次工业革命，再到以网络的出现为代表的第三次工业革命，每一次工业革命中科学家们都贡献出了巨大的能量。

在蒸汽机发明之前，我们的陆上交通工具主要是畜力，例如马匹；海上的交通工具主要是帆船，无论是郑和下西洋还是哥伦布发现新大陆，基本上都可以说是帆船的功劳。但不管是马匹还是帆船，都存在着同样的劣势，那就是运输速度慢，载重量小，到后来远远不能满足各地区之间、各国之间日益频繁的经济交往的需求。而以瓦特为代表的一批科学家，他们不断研制、改进之前的机器设备，最终研发了蒸汽机，在蒸汽机的基础上，研制出了使用蒸汽机车的火车和轮船，不仅大大地提升了运输的速度，同时也成倍地提升了运输载重量，加速了全球经济的发展。后来，到了第二次工业革命时期，科学家们促成了电气化时代的到来，进一步将交通工具的运输速度与载重量进行了大幅提升，同时还发明了电话与电报等现代通讯手段，能够使之前人与人之间只能进行面对面的交流，变成即便远隔重洋依然能够畅通无阻地进行交谈，使世界更为紧密地联系为一个整体。等到了第三次科技革命，无数科学家推动了网络时代的到来，如今网络时代仍旧在日新月异地发展，而且电话网络、电视网络、电脑网络的三网合一时代也经过科学家们的努力，正由之前的梦想变成今天活生生的现实。我们今天已经很难离开网络，通过网络我们可以得到最新的资讯，更快地了解国内国际发生的重大事件；通过网络，我们可以更便捷地与亲戚朋友进行联系，如以前我们给远方的亲人写信需要一段时间才能送达，而现在发个电子邮件顷刻就能收到；我们通过网络还能够帮助自身提升各方面的知识，政治、军事、历史、物理、化学、数学，所有学科、所有领域的知识我们都能够从网络上获得。而这一切的背后，就是科学家们默默的耕耘与贡献，这让我们无时无刻不在享受着科学家们的汗水结出的硕果，从而也认识到科学家们对于世界的进步起了怎样不可或缺的重要作用。

科学家们的奉献是伟大的，但有时候我们也要认识到科学有时候也能够起到某些负面的作用，我们也要用马克思主义的辩证法观点来审视科学发明，比如核武器的研发。我们都知道，爱因斯坦是一位伟大的科学家，他对于科学发展作出了非常重大的贡献。同样，他发现的一系列定理与公式对于研发核武器也起到了基础奠基作用。在第二次世界大战后期，美国和德国都在从事核武器的研发。而这时身为犹太人的爱因斯坦为了躲避德国纳粹的追杀，已经来到了美国，在美国他受到了高度重视。为了避免纳粹德国首先研发出核武器，爱因斯坦等科学家支持美国政府加速核武器的研发进程，最后美国成功研发出核武器，而德国最终失败了。核武器研发之后，在第二次世界大战即将结束之时，美国为了打击法西斯日本的嚣张气焰，减少反法西斯联盟国家的伤亡，向日本的广岛和长崎分别投掷了两颗原子弹，造成了大量的人员伤亡，也加速了日本的战败投降。尽管原子弹研发至今只有这唯一一次的投放实例，并且是为了战争中正义一方的胜利，但核武器的巨大杀伤力仍给很多科学家造成了深深的触动。他们深感能够对人的生命造成如此毁灭性打击的一种尖端武器的研发，从根本上来说也许可能违背科学的初衷，所以之后很多科学家不断希望政府之间能够削减核武器甚至是限制核武器在全球形成扩散的趋势。

从目前的全球形势来看，的确是有很多国家在进行核试验，并有可能向获得核武器的方向上发展，比如让世界各国比较敏感的朝鲜半岛核危机和伊朗核危机。如何防止核武器的进一步扩散，如何防止核武器再度被使用而对人类构成伤害，是各国对外政策中均普遍重视的重要内容。

科学对于社会进步产生的推动力量是巨大的，科学家们是贡献科技进步的主体，因此他们在历史发展中的作用不可小觑，但我们也要运用辩证的思维观点，正确衡量科学技术的进步，正确应用科学技术的创新成果，让科技真正促进人类社会的长远发展，从而避免科技成果对人本身造成伤害。

第三节　思想家的作用

也许我们乍一思考，可能觉得思想家们的作用未必如科学家们那样对社会发展与进步贡献的作用大，因为科学家研制出的各种成果，小到我们的日常生活，如洗衣机、电冰箱、电视、电话、电脑，大到我们的国防建设，如飞机、大炮、航天飞船，我们都是可以见到和感受到的，而思想家们对社会进步的贡献我们是难以直观、清晰地用肉眼看到的，但这并不意味着思想家的作用就比科学家的作用小。

我国历史上思想家最活跃的时期当属春秋战国时代的百家争鸣，这一时期，儒家、道家、法家、墨家等各派思想家人才辈出，孔子、孟子、老子、庄子、韩非子、墨子等思想家为我们贡献了对于国家、对于社会、对于家庭的精深的思考。尽管当时这些思想家很多并没有成为政治家，并没有将自己的具体学说转化成治国安邦的具体国策，但是他们的确为人类贡献了巨大的智慧之源，并在之后的历史中持续对后来人产生影响。自秦始皇统一中国之后，儒家的仁爱思想，道家的清静无为，法家的以法治国在历朝历代或并行不悖，或有所侧重，直接或间接地影响了中国历史的发展进程。尤其是儒家思想，在西汉之后更成为封建统治阶级的正统思想，自隋末唐初确立科举制度之后，儒家思想的重要典籍"四书五经"更是成为科举考试的标准读物，在潜移默化地影响着知识分子阶层的思维方式与思维内容。当然，后来到了明朝时期，科举考试制度确立了八股文，即一篇应试文章要按照八个部分来写，在思想性上也不再鼓励创造性，而是强调墨守成规，使儒家思想的精华部分逐渐被遮掩，儒家思想的糟粕部分被放大，并因此也使社会发展逐渐失去了活力。

到了清朝末年民国初年，很多思想家认识到了儒家思想的弊端，于是兴起了新文化运动，全面批判僵化的儒家学说，号召以新的思想武装人民的头脑。也正是在这一时期，马克思主义思想传入中国，并对中国社会的进步产生了巨大的推动作用。从陈独秀最先提出以"德先生"和"赛先生"，即民主和科学，来武装中国人的头脑，到中国共产党的建立，全面认知、宣传马克思主义思想，思想家对中国社会进步的影响迈上了一个新的台阶。

马克思恩格斯作为人类社会的伟大思想家，他们不断著书立说，从哲学、经济学、政治学等诸多方面重新思考整个世界历史的发展，在批判封建主义思想家和资产阶级思想家的基础上，形成了他们关于社会主义建设和共产主义建设的伟大学说。他们还积极参与到工人运动之中，将自己的思想转化为社会实践。随着马克思恩格斯思想传播得越来越广泛，中国一部分先进的知识分子认识到了马克思和恩格斯这两位思想家的论著是适合中国国情的，是有助于促成中华民族崛起与复兴的，所以这些先进的知识分子组建了中国共产党，并将马克思主义思想应用于实践中，并使今天的中国重新成为世界强国之一。可见思想家的作用对于社会发展与历史进步同样贡献出了重要的力量。

今天，中国仍处于社会主义建设阶段，我们距离马克思恩格斯提出的共产主义发展阶段仍然任重而道远。但是马克思和恩格斯两位思想家已经为我们指明了共产主义社会的美好，共产主义社会是符合世界人民的共同福祉，也是我们应该努力求索的前进方向。

当然，思想家们也有不同的领域、不同的思想，在马克思恩格斯宏观思想指导之下，我们也应认识到，经济领域、政治领域等不同学科领域的思想家们也在作出自己重要的贡献。如在马克思和恩格斯生活的时代，马克思和恩格斯两位伟大的思想家曾经批判欧美的资本主义生产方式，那么为什么今天欧美国家仍然呈现出一种生机勃勃的景象，并且大部分国家都属于发达国家呢？这是由于欧美的一大批各个领域的思想家们，如经济领域的著名经济学家凯恩斯等，他们就是在吸收、借鉴马克思主义思想的基础上，改进之前的资本主义生产方式，产生了新的指导资本主义向前发展的模式，所以才能够使欧美国家时至今日仍能够维持相对旺盛的生命力。

可见，有些思想家的思想可以成为社会进步、历史发展的宏观指导，有些思想家的思想可以在具体政策的改进上贡献力量；有的思想家的思想可能很快被社会认识到其价值，有些思想家的思想则要经过一定时间的历史沉淀之后才能够大放光芒。但无论是哪一种情况，都证明了思想家在社会发展与历史进步过程中绝不是可有可无的，而是不可或缺的。

第四节　教育家的作用

唐代的著名文学家韩愈曾经说过："师者，所以传道授业解惑也。"这是对教育家职责的一种精练而准确的概括。尽管我们可能认为教授学生人生道理、文化知识，解答学生人生发展或者学习知识中的困惑，看来并不能够直接促成生产力的发展，但是我们不要忘记另一句名言"知识就是生产力"，恰恰是因为教育家的存在，才使知识得以不断地传承，而知识传承可以说是一系列发挥、创造乃至科学发明的源头。

在原始社会时，人们最初只会结绳记事，即在绳子上打上不同大小、不同形状的绳结，来告诉其他人发生了什么事和事情的轻重缓急。后来，各个古代的文明都相继发明了用于书写的文字，如象形文字、楔形文字，等等。而文字发明以后，诸多关于历史过往、人类经验的事情就都可以用文字记录下来了。但记录本身并不是目的，目的是要把老一辈的生活经验传承给下一代，避免下一代走弯路或者犯同样的错误。而随着需要传承的知识越来越丰富、越来越复杂，专职的教师或者说教育家就出现了。向下一代传授知识、解答困惑就成为他们的终生职责。

现今的人类文明是由文化科学的世代继承而来的，没有对前人文化遗产的继承就不可能有社会的巨大发展与进步，教育家把人类长期积累起来的文化科学知识经过整理传授给下一代，对社会的延续与发展发挥着极其重要的作用。正如俄罗斯教育家乌申斯基所说："一个教师如果不落后于现代教育的进程，他就会感到自己是克服人类无知和恶习的伟大机构中的一个活跃而积极的成员，是过去历史上所有崇高而伟大的人物跟新一代人之间的中介人，是那些争取真理和幸福的人的神圣遗训的保存者，他感到自己是过去和未来之间的一个活的环节。"

上面主要是从社会发展的纵向来说的，如果进一步从社会文化交流的横向来看，教师通过对文化科学知识的传播，使世界各民族的先进文化科学成果得以相互吸收，促进了社会的文明和进步，也在起着桥梁与纽带的作用。我们生活在同一个地球上，我们每个国家都有自身的优秀文化，只有通过互相学习西方的先进文化与知识才能够促成整个世界的发展。而教育家们所从事的职业，除了将历史经验与知识进行传承，也将其他国家、其他民族的文化知识的精华部分传授给本国、本民族的学习者，从而推动各个国家、各个民族的共同进步。

社会的文明进步不仅需要文化科学，同时需要人们有正确的政治方向、良好的思想品德，形成高尚的社会道德风貌，建立和谐的人际关系。教育家对新一代人在教授知识、发展智能的同时，还注重培养其思想品德，把人类社会发展中形成的道德观念、行为准则传播给年轻一代，并在实践中教育学生养成良好的行为习惯。学生良好的思想品德的形成有赖多方面的因素共同发挥作用，教师是多因素之中的主导者，对学生，特别是可塑性最大的基础教育阶段的学生，教师的教育作用十分重要。中小学阶段不仅要为学生智力、体力发展打好基础，更要在思想品德方面为学生打好做人的基础，使学生终生沿着正确方向发展成才。教师在思想品德方面的育人作用，具有巨大社会价值，不仅为学生健康成长提供保证，更是为社会的文明进步，提高道德水准，树立良好社会风气，形成和谐人际关系等创造基础性条件。正是在这种意义上，加里宁称教师是"人类灵魂的工程师"。

现代脑科学、神经生理学研究探明，人的智力发展具有巨大潜力。然而人的智力发展的潜能并非随着生理上的成熟就自然显现。潜能的充分开发依赖于社会生活条件和正确的教育，在社会生活条件基本相同的情况下，教育对人潜能的开发具有决定性的意义。教师是学生群体的潜能开发者，使每个学生固有的发展可能性转化为现实，智能得到良好发展，学生整体的智能水平普遍提高。但是，人的潜能是存在个别差异的，个体在发展方向与发展水平上可能有着很大差异，这种潜能上的差异要求教师及时认识、创造条件，施以正确的教育。从这一角度讲，教师早期发现学生潜能中的优势，并能做到因材施教，及时给予引导和培养，便是对潜能巨大的超常学生进行了及时的智力开发。无论是对学生群体还是对学生个体来说，教师对人的潜能的认识和早期开发，都对整个社会智力开发具有重大意义。

总之，随着现代社会的文明进步，文化科学、思想品德、人的智能都在人类社会活动中发挥着日益重要的作用，社会发展的轨迹明确显示这一特征。因此，教育家的社会作用客观地提升到历史上从未有过的新高度，教育提升了人类的地位，提高了人的价值，必然要求教师在社会发展中充分发挥其作用，也必将赋予教师崇高的社会地位。

第五节 企业家的作用

改革开放以来，我们已经坚持以经济建设为中心，而企业正是经济建设中的核心力量，而企业家是企业的领头人，他们在企业的发展战略、制度建设、选拔贤才、纠正问题等方方面面起着领导作用。因此，企业家在我国经济社会发展中有着重要的地位。

在企业家的带领下，企业的发展壮大对于国家发展、人民生活水平提升有着多方面的贡献。企业家的积极创业与企业的成长，能够为社会提供更多的就业岗位，促进就业。中国的企业布局已经呈现出越来越均衡的态势，重工业、轻工业、服务业的比重越来越趋于合理，企业家也在各个行业领域涌现出来。他们带领企业寻找正确的发展方向。

企业家在创业过程中，企业由小变大，由弱变强，所缴纳的税额也将会逐渐增多，这样众多企业的税额累积，是国家财政收入的重要来源之一，这为国家在基础设施建设、经济发展投入、扶持农业等方面带来了雄厚的资金保障。

在企业家的带领下，企业不断进行技术创新与理念创新。与一般的经营者相比，创新是企业家的主要特征。企业家的创新精神体现为一个成熟的企业家能够发现一般人无法发现的机会，能够运用一般人不能运用的资源，能够找到一般人无法想象的办法。企业在发展过程中，要想取得优势地位，就应该有核心竞争力，也就是通常所说的发明创造。一个企业拥有的专利技术越多，它就将在市场竞争中处于主导地位，并不会受价格等因素的影响。同时拥有核心技术，对于塑造企业的产品品牌具有重要意义。

我们知道，新的科技产品的推出对于社会进步的意义重大。科技的研发要依靠科学家们的投入，但除了国家对于科学家的支持外，企业家对于科学家研发新的科技产品也给予了重要的支持。在企业家的领导下，企业本身就往往成为研发新技术产品的基地，很多科学家同时也是企业的骨干力量。众所周知，蒸汽机、电机的研发把人类带入了工业时代，电脑、通讯工具、多媒体设备及软件的开发把人类带入了新经济时代，改变了人们的生产、生活方式，推动了社会进步。而在当今时代，不同的企业研发的新产品进一步丰富了社会生活的各个方面，如新能源产品、循环经济产品、环保产品的开发，降低了污染，保护了环境，支撑了人类的可持续发展的需要；绿色产品的研发，保证了人类的健康；生物芯片、干细胞提取及其他生物工程产品的开发，开辟了疾病预防与治疗的新途径，而这一切都与企业、与企业家有着千丝万缕的联系。

企业家们还善于把握时代的需求，推动新型产业的出现。信息产业的出现与蓬勃发展就是其中的重要例子。电脑最初是用于政府办公和军事目的而研发的，但是一些企业家凭借其敏锐的商业眼光，将电脑推广到百姓的日常生活中，并组织力量积极研发了互联网，使电脑走出政治机构和军事机构，走入千家万户，并将整个世界带入了信息时代。获取信息是当代社会发展的基础。信息产业不仅能够让我们了解咨询、学习与生活变得更加方便，还能推进机关、企事业单位的信息化建设，提高工作效率和管理水平。

金融是当今经济发展的催化剂和推动力，可以将分散在社会上的各种游资汇集起来，投入到社会急需的产业和事业中去，来推动经济社会发展。保险业是把人民迫切需要的资金支持，用到最需要的部位和最需要的时段中，有着重要的互助和自助作用。保险业的一些产品还可弥补社会诚信不足和解救遭受意外损失的企业和民众。服务业的发展给人带来方便，节约时间，降低消耗，满足了多方需求。服务业涉及面非常之广，包括交通、运输、餐饮、住宿、商业等衣食住行不可或缺的领域，在给人的生产生活带来诸多方便、节省时间的同时，可以弥补知识技能的不足，降低消耗，满足多方的需求。服务业是现代社会迫切需要的领域，是推动国内生产总值不断增长的重要领域。

由企业推动的文化产品的生产，丰富了人们的精神生活，企业家在其中一般能起到积极作用。文化产业的内涵由参与性文化和鉴赏性文化组成，其发展是先进文化前进方向的必由之路，以产业形态促进先进文化发展是调动社会力量利用市场机制的有效方式。先进文化是指与社会存在相适应并有利于推动社会发展的文化。因此先进文化必须宣扬反映社会现实的真、剖析人的内心世界的真，关注弱势群体的善、人类相处的善，展示健康的美、心灵的美的准确真善美观；鞭挞虚假、罪恶和丑陋，使人们在享受文化生活中，鉴别和感受真善美与假恶丑。

总之，企业家在当今时代对社会发展、生产力进步、人民物质文化生活水平的提高都起着一定程度的推动作用，我们要认识到他们对于国家的经济增长作出的重要贡献。

第六节　工人的作用

在古代，没有产生现代工人的时候，是有工匠的，但工匠也并不是一开始就有的，他们是人类社会发展到一定的历史阶段的产物。说具体一点，他们是人类社会大分工的产物。手工业生产和农业生产的分离，使社会出现了许多不同门类的行业，从而出现了许多以这些行业谋生的工匠，他们有着独立的经济地位。因此，工匠是社会第二次大分工的产物。

随着社会的发展，手工业部门也不断增加，有的是在生产过程中产生新的行业，有的则是在原有行业中分离出来形成新的部门，劳动分工越来越细，如在纺织业的发展过程中，先有丝织业，后有棉纺织业；其后棉纺织业不断发展，又分为轧花、纺纱、织布、印染等部门。同样，在矿冶铸造业方面，也日益分化为采矿、冶炼、铸造等部门。

在古代社会，工匠作为一种独立的社会职业，承担着古代技术发明、研制和技术推广应用的重要职责，是推动古代技术发展的基本力量。古代杰出的技术发明创造，都是工匠们经验积累的结晶。制陶、制酒、榨油的工具，军事和农业中应用的青铜器和铁器，靠风帆推进的船只，车轮式的交通工具，运用斜力、杠杆的省力工具，使用砖瓦的建筑技术，等等，都出自工匠之手。

到了资本主义社会，出现了工人。工人和科学家也越来越成为不同的行业，即科学家不再直接从事生产，而工人也往往不再像工匠时期一样，同时从事科学发明。工人是机器大工业时代来临后，在各类工厂中从事劳动的人们。在资本主义社会，尤其是马克思和恩格斯生活的时期，工人的收入水平低下，社会地位也不高，他们成为资本家剥削的对象，因此马克思恩格斯将工人称为无产阶级。但随着资本主义的向前发展，资本主义经济体制中也吸收了马克思主义理论的很多因素，同时对工人的生活状况也有所关注，工人的各方面情况都有所好转。

今天，在各个国家都有大量的工人，这些工人成为企业的主力。尽管企业家是企业的领导者，引导企业大的发展方向，但实际的生产和劳作却是工人在从事着。无论是日常家居，还是国防科技，从一颗小小的螺丝钉，到载人航天飞船，都离不开各行各业工人的辛勤劳作。

尤其是在今天这样一个全球化时代，社会分工空前细化，每个企业往往只生产一件产品的一个部分，而一个工人在工厂的流水线中，又往往只负责一道产品工序。分工细化的结果是生产率获得大幅提升，同时也使整件产品的生产可能需要成百上千工人的劳作，这就使得每一道生产线上的工人都是不可或缺的。这也就要求我们要充分重视工人在当今社会的重要作用，不能轻视任何一位工人的辛勤付出。

试想一下，如果我们家里的电视机生产过程中，缺少了一道工序的工人劳作，那么我们面前的电视机很可能就变成了毫无用处的废铁，而不是能够让我们接收各种信息、欣赏各类文艺节目的神奇载体。试想一下，如果我们上课使用的投影仪生产过程中，缺少了一道工序的工人劳作，那么我们使用的投影仪可能就成了并不美观的摆设，而不是能够让我们的课堂变得更加丰富多彩的学习用具。

历史发展与社会进步，最根本的动力来自于生产力的进步。尽管科学家们已经成为推动科技创新的主要力量，但是真正将科学技术转化为实实在在的生产力的群体是工人，是他们通过在各自不同的行业中运用先进的科技成果，才真正推动着生产效率的提高，或是实现着节能减排。从这个角度来看，尽管我们可能直观地觉得似乎科学家从事的工作更为崇高，而工人的技术含量相对较差，但从本质上来讲，科学家与工人群体是互相依赖的。自从从事科学发明与实际工作分离开来之后，科学家与工人就成为密不可分的联合体。如果没有科学家的发明创造，工人付出的劳动可能更多，但收获的成效可能很少；而如果没有工人在具体的工作中操作最新的发明创造，那么科学家的一切科研都成为空谈，无法发挥促进生产力发展的实际作用。

在我们这样一个工业化时代，工人的人数是非常庞大的，他们不仅是我们所使用的一切设备、用具的制造者，他们同时也在各行各业的人数对比中占有相当大的比重。因此，无论是从工人们所从事的工业生产来看，还是从良好稳定的社会秩序的形成来看，工人都是非常重要的一个群体。

综上所述，我们要充分认识到工人在历史合力中所作出的巨大贡献。青少年正处在树立人生理想和职业理想的时候，我们要认识到，无论你是选择做实验室里的科学家，还是选择做工厂中的工人，你都是在为社会发展与历史进步发光发热。

第七节　农民的作用

尽管工人阶级被马克思称为无产阶级，认为工人阶级是推动资本主义社会向社会主义社会和共产主义社会转变的最重要的生力军，但马克思恩格斯从来也没有否定农民对于历史发展的重要作用。而世界历史的发展也以事实向我们证明，农民的力量不可低估。

农业是人类生存的根本，在手工业、商业等行业出现之前，农业就已经存在了漫长的历史时期。农业所提供的基本生活资料，是人得以生存、发展的基本前提。世界上各个文明的发展都是最先从农业开始的。中华文明的成长就得益于以黄河流域和长江流域为主的农业区的出现，正是黄河与长江这两条母亲河滋润了两岸的土地，使黄河流域和长江流域得以形成稳定的农业种植区，而稳定的农业种植区形成之后，就逐渐出现了城镇，城镇的进一步成长，生成了一个个实力雄厚的地方政权，最终到秦始皇时期统一成一个强大的中央集权国家。

在此后的历史时期中，中国的中央王朝与周边的少数民族进行了长期的历史互动，在互动过程中，游牧民族之所以经常显得比中央王朝虚弱，就是因为游牧民族没有合适的条件发展定居农业。由此可见，农业的作用、农民的作用是何等巨大。

中国自古以来就是一个农业大国，直到今天依然如此，中国的人口已经超过13亿，位居世界第一位，对于这样一个庞大的人口数字，粮食供应显得尤为重要。而不断生产粮食，供给全国人民日常所需的就是勤劳的农民。如果农民不辛苦劳作，不产出足够的粮食，那么对我国的整体发展与国家安全都会产生重大的伤害。

今天，我们看到新兴产业正蓬勃发展，网络电子业、银行金融业等成为受到青年人青睐的行业，在这样行业工作的人被称为白领或者精英，而自人类社会诞生以来就已经存在的古老农业，则被看为低端和落后的，这种想法显然是错误的。如果没有农业作为社会发展的支持，如果没有农民对于社会的贡献，那么一切其他产业都无法得以形成。因此，行业的差别仅仅是分工的差别，我们不能轻视农业，也不能轻视农民，应该认识到农民对社会发展与历史进步的巨大推动作用。

我们看到，英国、美国、日本等发达国家，它们的科技力量目前仍超过中国，它们的网络电子业、银行金融业等也堪称世界翘楚，但它们仍然要高度重视农业的作用、农民的作用。政府不断出台措施支持农业发展，甚至给农民提供各种各样的便利条件和补贴款项，目的就是为了充分调动农民的积极性，让他们在得到尊重、受到重视的同时，乐于积极投身农业生产，生产出更多的农副产品，从而能够支撑本国经济的进一步发展。

随着世界人口整体数量的不断上升，粮食问题日益成为全球关注的问题，粮食安全问题也日益成为国家安全的重要内容。在一个全球化时代，经贸联系日益发展，商业水平日益提升的同时，农业水平也要求有相应的提升，农民的作用也要求得到相应的肯定。否则，如果当粮食成为全球最为贵重的商品时，那么一切关于未来的美丽设想都会成为泡影。

我们现在已经看到，我国的政府十分重视三农问题，即农业、农村与农民问题。近些年来，我国政府出台了一系列措施来扶持农业的发展，减轻农民的负担，提升农民种粮的积极性，如我国政府取消了农业税，增加了对农民养老问题的关注和投入，并且在具体的农业生产中对农民有所补贴。政府的这一系列举措，无疑是在告诉我们农业与农民的重要性，也在告诉我们，在我们发展工业、商业、服务业的同时，对于作为社会发展基础的农业不能忽视。

农业在几千年的发展过程中，经过了多次质的飞跃。实际上，从原始社会到奴隶社会，从奴隶社会到封建社会，从封建社会到资本主义社会，再从资本主义社会到社会主义社会、共产主义社会的变迁，都离不开农业上生产力与生产关系的转变，而农民使用的工具的变迁，农民的社会意识的变迁，更是直接推动社会向前发展与转变的动力。

今天，我们置身在一个科技迅速发展的时代，科技的发展不只在城市中清晰可见，在乡村中、在农业耕作中同样清晰可见，农民也正在享受着科技进步的成果，同时也在推动着科技创新的进一步前行。未来共产主义社会的实现，无疑也需要农业上生产力的长足发展以及农业运作方式上的极大转变，而在这些转变中发挥着主观能动性的正是庞大的农民群体。总而言之，在历史发展与社会进步的大潮之中，农民是历史合力形成的重要力量，我们应该重视他们的力量，并对他们给予足够的尊重。

第八节　人民群众是历史的创造者

人民群众是历史的创造者，这是唯物史观中对于人民的作用进行正确认识的精辟总结。人民指一切对社会历史起着推动作用的人们，人民在不同的历史时期可以有不同的群体，但是他们的总体基本上包括了各行各业的人士。人民群众对于历史发展具有决定作用，它全面地体现在社会生活的各个方面。人民群众是社会物质财富的创造者，也是社会精神财富的创造者，还是变革社会制度的决定力量。

人民群众是社会物质财富的创造者，因而从根本上推动了社会的发展。物质财富包括的内容非常广泛，但简单来说就是我们日常可见的一些实实在在的东西，如农民生产出的粮食、蔬菜、水果等，工人创造出的电视机、冰箱、电脑等。而要创造出这些物质财富，不是简简单单由农民、工人的各自劳动就能够创造的，还需要农业、工业上技术的革新，在早期这离不开工匠的作用，在当代这离不开科技工作者的作用，同时也离不开企业家对科技更新的支持以及对于研发新的生产、生活用品的投入。同样，从一个国家的层面来讲，物质财富能否得到很好的供应，还在于能够以国家的好的政策提高农民、工人、科学家、企业家的积极性。由此可见，物质财富的生产是人民群众合力的结果。

人民群众是社会精神财富的创造者，从而推动了社会的全面进步。社会的物质财富是我们生存、发展的基础，也为一切精神生产提供了物质基础，任何人要从事文化、艺术等精神活动，都要有一定的物质生活资料和一定的物质手段。但一个社会要获得发展，只有物质财富是不够的，还必须要有精神财富。思想家们思考的社会架构，制定的更完善的法律体系，都对于社会发展有着重大的作用。而教育家们传授的知识，使我们得以在前人的基础之上进行创造；艺术家创作的艺术产品，提升了我们的审美品位，滋润了我们的精神享受。如果没有精神财富的创造，社会发展无从谈起；如果没有精神产品的创造，我们的精神世界就会干涸。创造精神财富的不是某一个英雄人物，是广大的人民群众。人民群众的实践活动是一切精神财富产生的源泉，人民群众在生产实践中积累的丰富经验，构成了人类精神财富的原料或半成品，艺术家、思想家对其进行概括和总结、整理和加工或由此产生灵感并形成精神财富；劳动群众还直接创造了精神财富，如我们所熟知的《诗经》就是人民群众集体创作的结果。

人民群众是社会变革的决定力量，在社会变革中起主体作用。生产力和生产关系的矛盾运动推动了社会的发展，而一切社会矛盾都是人与人之间的矛盾，社会矛盾只能通过人的活动去解决。历史上一切社会矛盾的解决，实质上都是人民群众起来推翻旧的社会制度的斗争。人民群众对历史发展的决定作用，突出地表现在社会变革时期。人民群众创造历史的活动是在一定历史条件下，在一定的社会中进行的。人类社会发展的不同阶段中，人民群众创造历史的作用是不同的。从原始社会过渡到奴隶社会，从奴隶社会过渡到封建社会，从封建社会过渡到资本主义社会，从资本主义社会过渡到社会主义社会再到共产主义社会，人民群众都是主体参与者和积极推动者，正是在各个时期人民群众的不断抗争、不断进步，才使社会制度不断向前发展、变革。进入社会主义时期以后，人民群众作为社会变革的决定力量，它们所起的作用是通过改革、巩固和完善社会主义制度来实现的。

我们认识到人民群众是历史的创造者，这对我们具体的行为提出了指导。我们要相信群众。人民群众是社会历史的主人，是改造自然、推动社会发展的决定力量；人民群众是历史的创造者，具有无穷无尽的创造力；人民群众是实践的主体，蕴藏着无比的智慧和巨大的力量。所以我们要相信人民群众，国家的政策制定要以人民群众的根本利益为主，国家的改革要倾听人民群众的呼声，只要人民群众团结起来，共谋发展，那么我们就能克服任何困难，取得事业的胜利。我们要依靠群众。我国的社会主义建设和改革，是亿万群众的共同事业，必须依靠广大群众来完成。一个单位、一个集体的一切工作也都必须紧紧依靠广大群众的智慧和力量，依靠他们的信任和支持，依靠他们的辛勤劳动才能完成。即使是由个人承担来完成的任务，也需要依靠群众的协作才能完成。我们要为人民群众的利益而奋斗。人民群众的利益是社会的根本利益，为了人民群众的利益而奋斗，指明了我们奋斗的最终目标与方向。也只有为了人民利益而奋斗的政党才是最好的执政党。中国共产党就把自身的奋斗目标定为全心全意为人民服务。我们要自觉维护群众的根本利益，不做伤害人民利益的事。

人民群众是历史的创造者，要求青年学生要坚定地走与人民群众的实践相结合的道路。青年学生正处于树立自己的世界观、人生观、价值观的重要时期。只有认识到历史合力是由各行各业的人的力集合而成的，认识到人民群众是历史的创造者，我们才能够真正地理解社会发展的动力与方向，也才能够树立起正确的世界观、人生观与价值观，才能够相信群众、依靠群众，在将来的工作与生活中为人民群众的整体利益着想，为人民群众的整体利益奋斗。坚定地走与人民群众的实践相结合的道路，实际上也就是在顺应历史发展的方向与潮流。

第四章 马克思主义中国化与历史合力论

作为马克思主义理论体系中的重要成果，马克思主义中国化的相关理论也不断发展并实践着历史合力论。毛泽东、邓小平、江泽民、胡锦涛、习近平等几代党和国家领导人，在他们的理论与实践中不断贯彻着历史合力论思想，既对历史合力论思想的深入发展作出了重大贡献，同时以历史合力论思想作为政策指导也进一步推动了我国的发展。我们只有认真理解马克思主义中国化理论中蕴含的历史合力论思想，才能够清晰地认识到马克思主义中国化理论的深刻内涵和我国具体政策制定中对于各方面因素合力的综合权衡，同时也能够有助于我们理解坚持走中国特色社会主义道路的科学性与必然性。

第一节　毛泽东思想与历史合力论

作为马克思主义中国化的重要代表，毛泽东思想中有很多内容体现了历史合力思想。在历史发展的进程中，毛泽东强调要认识到我们是在既定的历史基础上发展起来的，因此应该重视我们是在既定的历史基础上发挥我们的作用的。如毛泽东指出，歌颂共产主义，并不是要把共产主义以前的社会历史阶段加以否定。他说："现在看来，奴隶制度、封建制度、资本主义制度都不好，其实它们在历史上都曾经比原始公社制度要进步。这些制度开始时是进步的，到后来就不行了，所以就有别的制度来代替了。"

在人对历史发展的作用问题上，毛泽东充分重视人民群众的作用。毛泽东一生深信："人民，只有人民，才是创造世界历史的动力。"这是唯物史观的根本观点，是毛泽东历史观的根本着眼点。毛泽东反复强调，历史是人民创造的，在社会发展中起决定作用。人类社会赖以生存的物质资料是劳动者的双手创造出来的，生产活动是社会一切活动的前提和基础，以不同形式从事和促进生产实践活动的人民群众，也就对社会发展起着决定性作用。毛泽东通过对封建社会的研究，论证了在封建社会农民和手工业者才是历史的真正创造者。他说：中国历来只是地主有文化，农民没有文化，可是地主的文化是由农民造成的，因为造成地主文化的东西，不是别的，正是从农民身上榨取的血汗，只有农民和手工业工人是创造财富和创造文化的基本阶级。历史上涌现的科学家、发明家，他们的发明创造也是建立在广大劳动人民劳动实践的基础上进行总结、提高的结果，而文学、诗歌、哲学等大量的文化遗产，也是依据人民群众生活中创造的基本原料，进行加工和再创造的结果。所以归根到底，人民群众通过物质生产创造了社会财富，推动了社会文化的进步，他们不仅是物质财富的创造者，也是精神财富的创造者，打破了几千年来英雄创造历史的观点。

因为认识到了人民群众的作用，因此毛泽东历来主张，动员一切可以动员的力量，团结一切可以团结的人，调动一切可以调动的因素，参加到我们的事业中来，是我们事业胜利的保证。社会主义建设同样需要如此。但在具体分析个人的作用时，毛泽东同样用了辩证的观点去看待，毛泽东不仅重视人的经济地位和阶级属性，同时也很看重人在不同环境下的政治态度，以及在不同政治事件中所扮演的角色。他以辩证的逻辑，思考着对立阶级的政治态度的转化，以便在一定的条件下吸引他们参加自己的队伍，壮大自己的力量。

在社会发展上，毛泽东也非常重视经济基础的作用，重视生产力的发展，并敏锐地指出国家工业化的趋势。1944年在延安，毛泽东就强调指出："共产党是要努力于中国的工业化的。"毛泽东说："现在的农村是暂时的根据地，不是也不能是整个中国民主社会的主要基础。由农业基础到工业基础，正是我们革命的任务。"从唯物史观关于历史发展规律的观点出发，毛泽东明确认识到：我们现在的革命根据地在农村，这是暂时的现象，我们长远的根据地是在城市，是在工业化，是在现代化。在《论联合政府》中，毛泽东还预言："将来还要有几千万农民进入城市，进入工厂。如果中国需要建设强大的民族工业，建设很多的近代的大城市，就要有一个变农村人口为城市人口的长过程。"这是关于中国现代化道路的十分准确的设计和对中国现代化前景的科学预测。

在具体如何统筹各种关系，发展生产力上，毛泽东更是运用了历史合力论的观点，考察了各种因素对国家建设的影响，这方面的代表性言论是《论十大关系》。在1956年4月25日召开的由各省、市、自治区党委书记参加的政治局扩大会议上，毛泽东作了《论十大关系》的报告，5月2日又在最高国务会议上作了进一步的阐述。

《论十大关系》报告的主旨是调动一切直接的和间接的力量，为把中国建设成为一个强大的社会主义国家而奋斗。在认真总结建国初期社会主义革命和建设的经验教训的基础上，特别是为避免苏联建设过程中的一些教训，毛泽东阐述了社会主义建设中的十大关系，即重工业和轻工业、农业的关系；沿海工业和内地工业的关系；经济建设和国防建设的关系；国家、生产单位和生产者个人的关系；中央和地方的关系；汉族和少数民族的关系；党和非党的关系；革命和反革命的关系；是非关系；中国和外国的关系。

在重工业和轻工业、农业等前四种关系上，毛泽东强调建国初期没有犯原则性错误，并取得了一定成绩，但鉴于苏联片面发展重工业的教训，在以后的发展中要适当调整和平衡工业与农业两大产业、重工业和轻工业两大部门的比例关系，调整和平衡沿海工业的改造、扩建与内地工业的新建之间以及经济建设与国防建设之间的比例关系，在发展经济的同时，注重人民生活的改善。要通过正确处理生产单位和生产者的关系，改善企业和合作社的内部治理。在中央和地方关系上，毛泽东强调应在巩固中央统一领导的前提下，扩大一点儿地方的权力，给地方更多的自主性，使地方经济更具活力。

在政治方面的关系上，毛泽东指出，在汉族和少数民族的关系上，既要反对大汉主义，也要反对地方民族主义，要诚心诚意地积极帮助少数民族发展经济建设和文化建设，巩固各民族的团结。在党和非党关系上，中国共产党和其他民主党派要实行"长期共存，互相监督"的方针，但无产阶级专政要坚持和加强。在革命和反革命关系上，毛泽东认为之前对反革命的镇压是必须的，但到1956年时反革命分子已经大量减少，以后要少捉少杀。

在是非关系上，强调党内犯错误的人，要坚持"惩前毖后，治病救人"的方针，既要批评斗争，也要团结帮助。在中国和外国关系问题上，指出一切民族、一切国家的长处都要学，外国优秀的政治、经济、科学、文化等要学，但必须有分析有批判地学，不能照抄照搬。

《论十大关系》的报告是以经济建设为中心，辅以政治推动的观点提出了中国共产党领导全面社会主义建设的新思路，在社会主义建设的初期产生了重大的积极作用。这也是运用历史合力论思想，考察多种关系协调作用的典范。

第二节　邓小平理论与历史合力论

邓小平理论中的历史合力论思想，重点表现在邓小平关于如何发展社会主义的一系列观点上。"发展才是硬道理"，"贫穷不是社会主义"，这些掷地有声的名言如今早已家喻户晓。1980年邓小平在会见几内亚总统杜尔时，曾说了这样一段话："根据我们自己的经验，讲社会主义，首先就要使生产力发展，这是主要的。只有这样，才能表明社会主义的优越性。社会主义经济政策对不对，归根到底要看生产力是否发展，人民收入是否增加。这是压倒一切的标准。"

邓小平在1992年南方谈话中又鲜明地提出了判断发展得失的"三个有利于"标准——"判断的标准，应该主要看是否有利于发展社会主义社会的生产力，是否有利于增强社会主义国家的综合国力，是否有利于提高人民的生活水平。"十一届三中全会以来，我们牢牢抓住发展这个主题，坚持以经济建设为中心不动摇，取得了改革开放和现代化建设的辉煌成就。

而关于发展生产力时所要依靠的群体，邓小平也指出，知识分子同工人、农民以及其他各行各业人士都能够贡献出巨大的力量。尤其是在改革开放之初，邓小平就主持恢复了高考制度，重视人才培养。1977年5月24日，邓小平在同中央两位同志谈话中指出："我们要实现现代化，关键是科学技术要能上去。发展科学技术，不抓教育不行。靠空讲不能实现现代化，必须有知识，有人才。没有知识，没有人才，怎么上得去？"总之，进行现代化建设需要大批知识分子来实现是历史发展的总结。原子弹爆炸，卫星上天，农业培育新品种，哪一样也离不开知识分子。知识分子同工人、农民一样是社会主义事业的依靠力量，没有文化和知识分子是不可能建设社会主义的。

为了确保社会建设的顺利进行，邓小平还加大法制建设力度，重视法制对社会的规范作用。邓小平认为"制度好可以使坏人无法任意横行，制度不好可以使好人无法充分做好事，甚至会走向反面"。因而，他要求把国家各项事务（包括环境保护）纳入法律制度的轨道，做到有法可依，有法必依，执法必严，违法必究。

邓小平注重社会生产力的发展，同时也重视精神文明建设的发展，这可以说是历史合力论的重要表现之一。1979年，邓小平就指出："我们要在大幅度提高社会生产力的同时，改革和完善社会主义的经济制度和政治制度，发展高度的社会主义民主和完备的社会主义法制。我们要在建设高度物质文明的同时，提高全民族的科学文化水平，发展高尚的丰富多彩的文化生活，建设高度的社会主义精神文明。"邓小平的伟大之处在于他对社会主义的理解和把握的全面性。他认为，社会主义的优越性不仅应表现在物质文明方面，还应表现在精神文明方面，两个文明建设都搞上去，才是有中国特色的社会主义。但在一段时期，与物质文明建设相比，精神文明的发展有相对滞后的问题。1989年，邓小平说："今天回头来看，出现了明显的不足，一手比较硬，一手比较软。"1992年初他进一步认为，打击各种犯罪活动，扫除各种丑恶现象手软不得，否则就会葬送社会主义事业。为此他正式提出物质文明建设和精神文明建设"这两只手都要硬"的命题，并作为全党的一项硬任务提出来。

邓小平还十分重视区域之间、城乡之间的均衡发展。我国地域辽阔，由于历史、地理、资源条件等各方面的原因，东部沿海地区和中西部地区之间，在经济方面存在着明显的差距。改革开放以来，东部地区和中西部地区经济都有很大的发展，但差距仍然存在。邓小平说："社会主义最大的优越性就是共同富裕，这是体现社会主义本质的一个东西。"社会主义的根本目标和本质要求是共同富裕，而共同富裕就要求地区经济的协调发展。邓小平曾明确指出："走社会主义道路，就是要逐步实现共同富裕。共同富裕的构想是这样提出的：一部分地区有条件先发展起来，一部分地区发展慢点，先发展起来的地区带动后发展的地区，最终达到共同富裕。如果富的愈来愈富，穷的愈来愈穷，两极分化就会产生，而社会主义制度就应该而且能避免两极分化。

缩小地区之间差距，最重要的是缩小东部地区与中西部地区的差距。这是一个重大的战略问题。1988年，当改革开放和现代化建设全面展开以后，邓小平提出了"两个大局"的重要思想。他说："沿海地区要加快对外开放，使这个拥有两亿人口的广大地带较快地先发展起来，从而带动内地更好地发展，这是一个事关大局的问题。内地要顾全这个大局。反过来，发展到了一定的时候，又要求沿海拿出更多力量来帮助内地发展，这也是个大局。那时沿海也要服从这个大局。"邓小平在1992年南方谈话中指出："什么时候突出地提出和解决这个问题，在什么基础上提出和解决这个问题，要研究。可以设想，在本世纪末达到小康水平的时候，就要突出地提出和解决这个问题。"

马克思恩格斯早就已经认识到，社会发展不仅应该重视经济规律，在一定情况下也应该重视自然规律。我国是一个人口众多，资源相对不足的大国，随着向工业文明的迈进，人口、生态、环境、资源等矛盾日益突出，成为制约发展的瓶颈。邓小平很早就注意到了自然因素对社会发展产生的作用，并不断作出指示，要求加大环境保护的力度。比如邓小平提出了"植树造林、绿化祖国、造福后代"的响亮口号。他认为广泛植树造林不仅可以修复已损坏的生态系统，起到绿化祖国的作用，而且也可以造福子孙，为后辈创造良好的生态环境。针对我国西北地区黄土高原水土流失严重的问题，他指出："黄河所以叫'黄'河，就是水土流失造成的。我们计划在那个地方先种草后种树，把黄土高原变成草原和牧区，就会给人们带来好处，人们就会富裕起来，生态环境也会发生很好的变化。"他还认识到洪灾的发生"涉及木材的过量采伐"，提出开展全民义务植树的倡议。正是在邓小平的高度关怀下，国务院于1979年向全国人大提交并通过了议案，规定每年3月12日为我国的植树节。作为党和国家的领导人，邓小平每年都亲自参加义务植树活动，推动了我国植树造林运动的广泛开展。

综上所述，邓小平作为改革开放的总设计师，他的理论思想中处处闪耀着历史合力论的光芒，切实推动了改革开放事业的发展以及各行各业的进步与完善。

第三节 "三个代表"重要思想与历史合力论

江泽民2000年2月在广东省考察工作时，从全面总结党的历史经验和如何适应新形势新任务的要求出发，首次对"三个代表"重要思想进行了比较全面的阐述。提出："总结我们党七十多年的历史，可以得出一个重要的结论，这就是：我们党所以赢得人民的拥护，是因为我们党在革命、建设、改革的各个历史时期，总是代表着中国先进生产力的发展要求，代表着中国先进文化的前进方向，代表着中国最广大人民的根本利益，并通过制定正确的路线方针政策，为实现国家和人民的根本利益而不懈奋斗。"

2001年7月1日，在庆祝中国共产党成立八十周年大会上，江泽民发表重要讲话，全面阐述了"三个代表"重要思想。他指出：我们党要始终代表中国先进生产力的发展要求，就是党的理论、路线、纲领、方针、政策和各项工作，必须努力符合生产力发展的规律，体现不断推动社会生产力的解放和发展的要求，尤其要体现推动先进生产力发展的要求，通过发展生产力不断提高人民群众的生活水平。我们党要始终代表中国先进文化的前进方向，就是党的理论、路线、纲领、方针、政策和各项工作，必须努力体现发展面向现代化、面向世界、面向未来的，民族的科学的大众的社会主义文化的要求，促进全民族思想道德素质和科学文化素质的不断提高，为我国经济发展和社会进步提供精神动力和智力支持。我们党要始终代表中国最广大人民的根本利益，就是党的理论、路线、纲领、方针、政策和各项工作，必须坚持把人民的根本利益作为出发点和归宿，充分发挥人民群众的积极性主动性创造性，在社会不断发展进步的基础上，使人民群众不断获得切实的经济、政治、文化利益。

无论是从"三个代表"重要思想提出的国内与国际背景，还是从"三个代表"重要思想的内涵，我们能够发现历史合力论思想。进入21世纪，我们的国际环境是机遇大于挑战。共产党作为中国这样一个大国的执政党，只有通过加强自身建设，始终坚持"三个代表"重要思想以保持先进性，才能不断提高执政水平和领导水平，准确把握世界发展的新潮流、新趋势，抓住机遇，迎接挑战。从国内环境来看，随着改革开放的深入和社会主义市场经济的发展，我国的社会生活发生了广泛而深刻的变化，同时贪污腐败问题也引起了重视。在这种情况下，从严治党，进一步全面提高全党特别是党的干部队伍的素质，成为十分紧迫的任务。正是在这样的各方因素综合作用的背景之下，江泽民提出了"三个代表"重要思想。

江泽民首先紧紧抓住经济建设和发展先进生产力这个中心不放松，并始终把经济建设和发展先进生产力作为我们党的根本任务。他运用生产力决定生产关系、经济基础决定上层建筑这一社会基本矛盾的原理，科学分析中国共产党在长期执政的条件下，在历史发展的新时期、新阶段的先进性问题，不仅把发展先进生产力视为我们党的根本任务，而且进一步把是否代表中国先进生产力的发展要求作为衡量党是否先进的根本标准之一。这一思想是对马克思主义执政党先进性理论的伟大创新，是马克思主义发展史上的一次重大的理论升华。

文化作为上层建筑的重要内容之一，一直对历史发展与社会进步产生着重要的影响，对于一个执政党的建设同样如此。但如何看待经济建设和文化建设的关系，如何处理文化建设本身的问题，文化建设在执政党的诸多任务中处于何种地位，江泽民对此作出了科学的回答。他认为，代表中国先进文化的前进方向是中国共产党作为执政党的又一个本质规定。也就是说，发展先进文化不仅是中国共产党的历史任务，而且是党始终保持先进性的题中应有之义。

在新的历史条件下，能不能始终代表最广大人民的根本利益，对于一个执政党来说，仍然是严峻的考验。例如，改革开放三十多年来，中国的社会阶级阶层状况发生了明显变化，如何巩固和增强党的阶级基础，扩大党的群众基础，最广泛最充分地调动一切积极因素，如何把人民群众的长远利益和眼前利益、全局利益和局部利益更好地统一起来，正确反映和兼顾不同方面群众的利益，真正做到代表最广大人民的根本利益，都需要考察各种因素的作用，并作好对各种因素的协调。因此江泽民强调党要始终代表中国最广大人民的根本利益，也就是提出了党要有综合处理各项问题的能力。

"三个代表"重要思想是相互联系、辩证统一的整体。只有不断解放和发展生产力，增强国家的经济实力，才能为建设中国特色社会主义文化和实现人民群众的根本利益提供雄厚的物质基础，而要建设社会生产力，自然也不能够忽视上层建筑与经济基础之间的联系，不能够忽视各行各业的劳动者所作出的共同努力；发展生产力的目的之一是促进人民生活水平的提升，而人民在物质需求之外还存在精神需求，所以只有不断发展和繁荣社会主义文化，才能不断满足人民群众日益增长的精神文化生活需要，才能为发展生产力提供强大的精神动力和智力支持；人民的物质需要和精神需要的满足不是一蹴而就的，需要全国人民的共同努力，在此过程中，我们党作为国家的执政党就要代表最广大人民的根本利益，协调不同地区、不同行业、不同阶层的人民群众的切实的物质需求与文化需求，这样才能够最终促成社会整体的发展，也使党能够永远保持先进性。

综上所述，"三个代表"重要思想中也包含了历史合力论思想，我们只有深入细致地分析"三个代表"重要思想中每一个维度所包含的丰富内容，才能够更深刻地认识到"三个代表"重要思想的先进性。

第四节　科学发展观与历史合力论

2003年8月28日至9月1日，胡锦涛在江西考察工作时明确使用了"科学发展观"的概念。随后，党的十六届三中全会通过的《中共中央关于完善社会主义市场经济体制若干重大问题的决定》中，第一次明确了科学发展观的基本概念，即坚持以人为本，全面、协调、可持续的发展观，促进经济社会和人的全面发展。此后，经过深入细致的阐释，科学发展观成为一套完善的理论体系，同时科学发展观也体现了历史合力论思想。

以人为本，就是要把人民的利益作为一切工作的出发点和落脚点，不断满足人们的多方面需求和促进人的全面发展；全面，就是要在不断完善社会主义市场经济体制，保持经济持续快速协调健康发展的同时，加快政治文明、精神文明的建设，形成物质文明、政治文明、精神文明相互促进、共同发展的格局；协调，就是要统筹城乡协调发展、区域协调发展、经济社会协调发展、国内发展和对外开放；可持续，就是要统筹人与自然和谐发展，处理好经济建设、人口增长与资源利用、生态环境保护的关系，推动整个社会走上生产发展、生活富裕、生态良好的文明发展道路。

科学发展观的第一要义是发展。中国特色社会主义是靠发展来不断巩固和前进的。只有紧紧抓住和搞好发展，才能从根本上把握人民的愿望，把握社会主义现代化建设的本质，把握中国共产党执政兴国的关键。人类社会正在经历深刻变革，世界范围内经济实力和综合国力竞争空前激烈。紧紧抓住并切实用好重要战略机遇期，奋力在这场大竞争中取得主动，发展壮大自己，是中国立于不败之地的根本所在。

科学发展观的核心是以人为本。坚持以人为本，就是要坚持从人民的根本利益出发谋发展、促发展，不断满足人民日益增长的物质文化需要，不断实现好、维护好、发展好最广大人民的根本利益；就是要坚持在全体人民根本利益一致的基础上，正确反映和兼顾不同地区、不同部门、不同方面群众的利益，妥善协调各方面的利益关系，走共同富裕道路；就是要切实保障人民依法享有各项权益，维护社会公平正义，满足人们的发展愿望和多样性需求，关心人的价值、权益和自由，关注人们的生活质量、发展潜能和幸福指数，体现社会主义的人道主义和人文关怀，促进人的全面发展。经济建设上，要着眼于创造更丰富的社会物质财富，全面改善人民生活，不断提高人民生活水平。

科学发展观基本要求是全面协调可持续发展。坚持全面协调可持续发展，就要正确处理经济与社会发展，城市与农村发展，东中西部发展，人与自然界发展，国内发展和对外开放，改革发展稳定等现代化建设中的重大关系；就要统筹安排和处理好消费与投资、供给与需求，发展的速度和结构、质量、效益，科技进步与人力资源优势的充分发挥，市场机制与宏观调控等经济发展的重大问题；就要坚持把社会主义物质文明、政治文明、精神文明、和谐社会建设以及生态文明建设和人的全面发展，看成彼此相互联系、相互促进、不可分割的过程。

科学发展观根本方法是统筹兼顾。要统筹城乡发展，贯彻工业反哺农业、城市支持农村的方针，正确处理工业和农业、城市和农村、城镇居民和农民的关系，逐步解决城乡二元结构矛盾，实现城乡共同繁荣。要统筹区域发展，积极推进西部大开发，全面振兴东北地区老工业基地，大力促进中部地区崛起，积极支持东部地区率先发展，逐步形成东中西部相互促进、优势互补、共同发展的新格局。要统筹经济社会发展，进一步发挥政府在促进就业、调节分配、完善社会保障、实现社会公平等方面的作用，加快科技、教育、文化、卫生、体育、社会保障、社会管理等社会事业发展。要统筹人与自然和谐发展，坚持节约资源和保护环境的基本国策，增强可持续发展的能力。要统筹国内发展和对外开放，善于从国际形势发展变化中把握发展机遇，应对风险挑战，不断完善我国社会主义市场经济体制和参与制定国际经济贸易规则。

科学发展观，是中国共产党在总结新中国建设的经验与教训的基础上，提出的全面、合理的发展思路和指导思想，树立和落实科学发展观是妥善应对中国经济社会发展关键时期可能遇到的各种风险和挑战的正确选择。如果说科学发展观是发展方式的选择的话，那么和谐社会的提出则可以看成是科学发展观所要取得的结果。

2004年9月16日至19日，中国共产党十六届四中全会在北京举行。全会首次提出了构建社会主义和谐社会的历史任务，明确提出，形成全体人民各尽其能、各得其所而又和谐相处的社会，是巩固中国共产党执政的社会基础、实现中国共产党执政的历史任务的必然要求。

2004年2月19日，胡锦涛在中央党校省部级主要领导干部"提高构建社会主义和谐社会能力"的专题研讨班上，进一步阐明了构建社会主义和谐社会的基本内涵，指出："我们所要建设的社会主义和谐社会，应该是民主法治、公平正义、诚信友爱、充满活力、安定有序、人与自然和谐相处的社会。"2005年10月，党的十六届五中全会把构建社会主义和谐社会确定为贯彻落实科学发展观必须抓好的一项重大任务，并提出了工作要求和政策措施。

在此基础上，2006年10月，中国共产党十六届六中全会专门作出《关于构建社会主义和谐社会若干重大问题的决定》（以下简称《决定》）。《决定》明确了社会主义和谐社会的性质及其定位，构建社会主义和谐社会的指导思想、奋斗目标和主要任务以及必须遵循的正确原则。《决定》着重从五个方面对构建社会主义和谐社会作出了工作部署：一是坚持协调发展，加强社会事业建设；二是加强制度建设，保障社会公平正义；三是建设和谐文化，巩固社会和谐的思想道德基础；四是完善社会管理，保持社会安定有序；五是激发社会活力，增进社会团结和睦。

我国社会总体上是和谐的。但是，也存在不少影响社会和谐的矛盾和问题，主要是：城乡、区域、经济社会发展很不平衡，人口资源环境压力加大；就业、社会保障、收入分配、教育、医疗、住房、安全生产、社会治安等方面关系群众切身利益的问题比较突出；体制机制尚不完善，民主法制还不健全；一些社会成员诚信缺失、道德失范，一些领导干部的素质、能力和作风与新形势新任务的要求还不适应；一些领域的腐败现象仍然比较严重；敌对势力的渗透破坏活动危及国家安全和社会稳定。

和谐社会的理念在不断深入细致的阐述中，也构成了完备的理论体系，构建社会主义和谐社会所要遵循的诸项原则也日益明确。必须坚持以人为本，始终把最广大人民的根本利益作为党和国家一切工作的出发点和落脚点，实现好、维护好、发展好最广大人民的根本利益，不断满足人民日益增长的物质文化需要，做到发展为了人民，发展依靠人民，发展成果由人民共享，促进人的全面发展。

从科学发展观到和谐社会，都强调了对各种能够影响社会发展因素的重视，强调以多维的视角去审视发展中遇到的问题，之后通过科学的方法解决问题，最终形成和谐社会。由此可见，科学发展观与和谐社会在内涵上同样贯彻了历史合力论思想。

第五节　"中国梦"与历史合力论

2012年11月29日，中华人民共和国主席习近平带领新一届中央领导集体参观中国国家博物馆"复兴之路"展览现场。习近平主席定义"中国梦"——实现伟大复兴就是中华民族近代以来最伟大梦想，而且满怀信心地表示这个梦想"一定能实现"。

2013年3月17日，第十二届全国人民代表大会第一次会议在人民大会堂举行闭幕会，中华人民共和国主席习近平在讲话中说："各位代表！中华民族具有五千多年连绵不断的文明历史，创造了博大精深的中华文化，为人类文明进步作出了不可磨灭的贡献。经过几千年的沧桑岁月，把我国56个民族、13亿多人紧紧凝聚在一起的，是我们共同经历的非凡奋斗，是我们共同创造的美好家园，是我们共同培育的民族精神，而贯穿其中的、最重要的是我们共同坚守的理想信念。

"实现全面建成小康社会、建成富强民主文明和谐的社会主义现代化国家的奋斗目标，实现中华民族伟大复兴的'中国梦'，就是要实现国家富强、民族振兴、人民幸福，既深深体现了今天中国人的理想，也深深反映了我们先人们不懈奋斗追求进步的光荣传统。

"面对浩浩荡荡的时代潮流，面对人民群众过上更好生活的殷切期待，我们不能有丝毫自满，不能有丝毫懈怠，必须再接再厉、一往无前，继续把中国特色社会主义事业推向前进，继续为实现中华民族伟大复兴的'中国梦'而努力奋斗。"

习近平强调，实现"中国梦"必须走中国道路。这就是中国特色社会主义道路。这条道路来之不易，它是在改革开放三十多年的伟大实践中走出来的，是在中华人民共和国成立六十多年的持续探索中走出来的，是在对近代以来一百七十多年中华民族发展历程的深刻总结中走出来的，是在对中华民族五千多年悠久文明的传承中走出来的，具有深厚的历史渊源和广泛的现实基础。中华民族创造了伟大的中华文明，我们也能够继续拓展和走好适合中国国情的发展道路。全国各族人民一定要增强对中国特色社会主义的理论自信、道路自信、制度自信，坚定不移沿着正确的中国道路奋勇前进。

习近平强调，实现"中国梦"必须弘扬中国精神。这就是以爱国主义为核心的民族精神，以改革创新为核心的时代精神。这种精神是凝心聚力的兴国之魂、强国之魂。爱国主义始终是把中华民族坚强团结在一起的精神力量，改革创新始终是鞭策我们在改革开放中与时俱进的精神力量。全国各族人民一定要弘扬伟大的民族精神和时代精神，不断增强团结一心的精神纽带、自强不息的精神动力，永远朝气蓬勃迈向未来。

习近平强调，实现"中国梦"必须凝聚中国力量。这就是中国各族人民大团结的力量。"中国梦"是民族的梦，也是每个中国人的梦。只要我们紧密团结，万众一心，为实现共同梦想而奋斗，实现梦想的力量就无比强大，我们每个人为实现自己梦想的努力就拥有广阔的空间。生活在我们伟大祖国和伟大时代的中国人民，共同享有人生出彩的机会，共同享有梦想成真的机会，共同享有同祖国和时代一起成长与进步的机会。有梦想，有机会，有奋斗，一切美好的东西都能够创造出来。全国各族人民一定要牢记使命，心往一处想，劲往一处使，用13亿人的智慧和力量汇集起不可战胜的磅礴力量。

走中国特色的社会主义道路实际上就体现出了历史合力论思想。中国特色社会主义道路是在历史发展基础上的选择，同时中国特色社会主义道路又包含了政治、经济、文化、传统等多方面的因素。因此，坚持走中国道路，实际上就是在综合衡量各种因素的基础上，最适合我国发展的道路。

发扬爱国主义精神和凝聚中国力量，强调的又是重视每个意志构成合力，重视全体人民的力量的凝聚。这也就是习近平主席所说的，全国广大工人、农民、知识分子，要发挥聪明才智，勤奋工作，积极在经济社会发展中发挥主力军和生力军的作用。一切国家机关工作人员，要克己奉公，廉政勤政，关心人民疾苦，为人民办实事。中国人民解放军全体指战员，中国人民武装警察部队全体官兵，要提高履行使命能力，坚决捍卫国家主权、安全、发展利益，坚决保卫人民生命财产安全。一切非公有制经济人士和其他新的社会阶层人士，要发扬劳动创造精神和创业精神，回馈社会，造福人民。全国广大青少年，要志存高远，增长知识，锤炼意志，让青春在时代进步中焕发出绚丽的光彩。

习近平还说，"中国梦"归根到底是人民的梦，必须紧紧依靠人民来实现，必须不断为人民造福。我们要坚持发展是硬道理的战略思想，坚持以经济建设为中心，全面推进社会主义经济建设、政治建设、文化建设、社会建设、生态文明建设，不断夯实实现"中国梦"的物质文化基础。由此可见，习近平主席对于"中国梦"的阐述深刻体现着历史合力论思想。

而我们在认识"中国梦"的时候，也应该从多个角度，从历史合力论的角度去认知。在中国近代历史的大背景下，"中国梦"的主题当然是强国。实现中华民族伟大复兴，不是简单地恢复昔日的风采，而是要让中国的政治更加昌明，经济持续健康发展，文化取得空前繁荣，人与自然和谐共生，让工人、农民、企业家、科学家、教育家都能够共享社会发展与进步的成果，让每个人都成为"中国梦"的积极创造者，也都能共享"中国梦"带来的幸福感。

个人的出彩是个人的"中国梦"的实现，个体"中国梦"在爱国主义思想的基础上形成了集体的"中国梦"，复兴的"中国梦"。而"中国梦"的全面实现，要做到不只让中国人民受益，也要让世界人民受益。伴随着中国的日益强盛，中国将承担起更多的国际责任，将推动更加公平合理的世界政治经济新秩序的建立，从而在国际社会中，也让其他的发展中国家能够成长起来。同时，中国本身发展道路的成功，也会向其他国家昭示，国家的发展完全可以选择到适合自身特色的发展道路，也会对其他国家的政治、经济体制的发展创新起到示范意义。

"中国梦"里包含了历史合力论思想，而我们各行各业的人民群众的历史合力，也最终会让"中国梦"得以实现，并大放光彩。

第五章　学会运用历史合力论分析问题

通过上述几章内容我们已经从多个方面认知了马克思恩格斯的历史合力论思想。我们学习马克思恩格斯的经典言论，不是为了照本宣科，而是为了学以致用。因此，我们在学习了历史合力论思想之后，应该学会用历史合力论去分析各种问题。历史问题、现实问题、内政问题、外交问题、政治问题、经济问题，都可以运用历史合力论去进行深入、系统的思考。历史合力论既是一种唯物主义史观的思维方式，也是一种辩证主义的思维方式。通过运用历史合力论去分析问题、解决问题，我们会发现，只要我们活学活用历史合力论，就能够从多个角度去理解某一个问题，运用多种方法去解决某一个问题。而我们在运用历史合力论的过程中也会发现我们正变得越来越博学、越来越智慧。

第一节　新中国建立与历史合力

新中国的建立是中国历史发展进程中的必然，同时也体现出了历史合力。正是1840年以来各种因素的综合作用，才使得最终是中国共产党领导中国人民建立了中华人民共和国，我们才重新走上了复兴之路。

自中国遭受列强的入侵，被迫签订一系列不平等条约开始，诸多的仁人志士乃至政府官员，无不在思索中国如何在西方殖民的浪潮中自救、自强。在清政府时期，最初开始了洋务运动。当时在中国封建精英的意识之中，认为中国的传统政治制度以及文化思想仍是高于西方国家的，只是在具体的科学技术上落后于西方，因此认为只要中国也发明出坚船利炮，也创办起以机器制造为主的工业企业，中国就可以改变当时的窘境，就可以在"中学为体，西学为用"的大旗之下，走上一条快速发展、独立自强的道路。但实践远不像理想那样美好，洋务运动在风风火火创办了二三十年之后，并没有改变中国的现状。因为在很多清醒的观察者眼中，洋务运动的企业更多地像政府的衙门，而不是真正的企业。

当洋务运动无法挽救中国的颓势的时候，以康有为、梁启超等人为代表的所谓开明知识分子，开始思考体制上的问题，他们认为中国发展的滞后根源在于政治体制较西方落后。近邻日本，曾经在东亚封贡体系之中是中国的臣属国，也曾在19世纪中期遭受到美欧国家的欺凌。但是因为日本的明治维新对国家的体制进行了大刀阔斧的改革，日本迅速走上了自强之路，并且对周边的中国、朝鲜等国家展开侵蚀。尤其是1895年的甲午战争，蕞尔之邦日本，在甲午海战中击败了洋务运动中重要的遗产——北洋水师，更触动了中国封建精英的神经。

康有为、梁启超等人于1898年发起了变法维新运动，因为1898年正是中国农历中的戊戌年，因此这次简短的变法在中国历史上就被称为戊戌变法。这次变法在细节上要求改革军队体系、教育体制等，而在国家政权的组织形式上，则要变皇权专制为君主立宪制，结果因当时支持变法的皇帝光绪帝并没有真正掌握最高决定权，掌握着最高决定权的慈禧太后却坚决地反对变法，导致这次变法维新运动虽然有一个轰轰烈烈的开场，却也不得不草草收场。光绪皇帝被慈禧太后囚禁，康有为、梁启超等人出逃，另外一些支持变法的人士则死于屠刀之下。这场变法维新运动前后不足百日，因此也被称为百日维新。百日维新同样无法将中国挽救出愈益下沉的泥潭。

到了20世纪初，中国的封建专制越来越不合时宜，国家的统治能力也越来越弱，内忧外患层出不穷。虽然清政府在1905年时宣布要逐渐推行君主立宪制，但雷声大，雨点稀，政府官员们出访西欧考察各国的政治体制更像是作秀而不是实干。在此过程中，民间对于中国现状的痛心越来越重，对于腐朽的清王朝的反感也越来越重，一次次民间起义不断上演。

虽然有很多起义不断被清政府剿灭，但1911年10月爆发的武昌起义却获得了成功，并迅速形成燎原之势。其他很多城市爆发了起义进行响应，还有一些清政府官员迅速表示支持起义，这就是中国历史上著名的辛亥革命。这次革命彻底扭转了中国的局面，使清王朝的大厦摇摇欲坠，一个革命、民主、高效的新政权似乎喷薄欲出。

　　然而，前途是光明的，道路却是曲折的。由于当时重要的军事力量集中在清朝重臣袁世凯的手中，革命者与袁世凯不断举行谈判，最后谈判的结果是只要能确保推翻清政府，并支持共和体制，袁世凯就可以就任新成立的中华民国大总统。最终，袁世凯逼迫清朝末代皇帝溥仪退位，中国革命的先行者孙中山将中华民国大总统让与了袁世凯。袁世凯虽然表面上支持共和体制，暗地里却做着君王梦，他希望成为中国历史上另一个高高在上、独断专行的皇帝，而不是成为在分权制衡的共和体制中为国家服务的总统。

　　为了避免中国历史重回封建专制的老路，孙中山等人再度展开了反对袁世凯的斗争。最终，袁世凯没有完成他的帝王梦就一病而亡，袁世凯曾经的下属，即北洋军阀们展开了你争我夺的混战。经过军阀之间不断的博弈较量，蒋介石成为军阀中的佼佼者，国民党成为名义上的中央政府，但很多军阀依然只是表面上接受蒋介石中央政府的统辖，实际上依然各自为政，蒋介石与地方军阀之间的混战不断。

　　在目睹了中国日益破败、风雨飘摇的境地之后，以及目睹了各种政治力量都不能给中国指引一条光明之路之后，中国的一批仁人志士开始借鉴其他国家的经验与教训，认为中国只有走一条面向共产主义的道路，才能够真正救中国，并带领中国走向繁荣富强。于是，这些仁人志士组建了中国共产党，并为着宏大的目标奋勇前行。

中国国民党的统治被实践证明，依然是走着中国传统政治的老路，即依靠一小部分所谓的精英人士，统治全国的国民，实际上仍然是中国封建王朝统治模式的变种。中国共产党的理念则完全不同，中国共产党所走的路线是群众路线，即真正重视了民族主义的作用，国家是全体国民的国家而不是精英统治者的国家。依靠群众路线，中国共产党迅速发展壮大，并在社会中有了越来越广泛的影响力与号召力。在抗日战争中，也是中国共产党最先抛弃党派的偏见，号召全体国民一起抵抗外来的侵略。

经过全世界反法西斯国家的精诚合作，经过国共两党的共御外侮，中国在抗日战争中赢得了胜利。但国民党并不愿意组建能够团结全国各个党派的联合政体，而是积极调动军备，围剿共产党，打响了内战。国民党号称有数倍于共产党的兵力，有着较共产党先进的武器装备，但是在解放战争中，国民党依然兵败如山倒，其中的决定性因素就是共产党得到了群众的广泛支持。中国古语中有"得道多助，失道寡助"的说法，国民党正是因为失掉了民心，才导致其迅速溃败，新中国得以建立。

总而言之，中国在漫长的百年求索之路中，能够最后以建立新中国的形式实现自立、自强是历史选择的必然，同时也是各种因素合力作用的结果。

第二节　改革开放与历史合力

改革开放的进行充分重视并体现了历史合力的作用。在邓小平的领导下，改革者们因为认识到意识对于政策的影响，首先进行了意识上的拨乱反正；因为认识到解放生产力的重要性，所以进行了农村土地所有制改革；因为认识到了知识分子的重要作用，所以恢复了高考；因为认识到国际贸易联系的重要性，所以实行对外开放政策……诸多举措，都折射出改革者对于历史合力的认识。

1976年，在粉碎"四人帮"之后，在华国锋的领导下，中共中央提出了"两个凡是"的主张：凡是毛主席作出的决策，都坚决维护；凡是毛主席的指示，都始终不渝地遵循。

在艰苦的摸索之路上，新中国犯了一个严重的错误这是事实，但是不敢反思错误却将会引起更大的错误。这时邓小平清楚地看到了这一点，并且首先旗帜鲜明地对"两个凡是"思想进行了批评。

邓小平明确地指出"两个凡是"思想是不符合马克思主义的："一个人讲的每句话都对，一个人绝对正确，没有这回事情。"此后，聂荣臻、徐向前、陈云等人也纷纷撰文批判"两个凡是"的思想，并掀起了关于真理标准问题的讨论。

1978年5月11日，《光明日报》以特约评论员的名义公开发表《实践是检验真理的唯一标准》这篇文章，新华社全文转发。次日，《人民日报》、《解放军报》全文转载。随后绝大多数省、市、自治区的报纸也陆续转载。自此开始，从思想层面上进行的拨乱反正已经轰轰烈烈开展起来。

1978年12月18日至22日，中共十一届三中全会在北京举行，这是中国共产党历史上具有重大意义和深远影响的会议，也是中华人民共和国历史发展的一个伟大转折点。中共十一届三中全会虽然只开了五天，但是它在思想路线、政治路线、组织路线等方面实行的根本性转变，及由此作出的一系列重大决策，犹如一声春雷，催生了中国改革开放和社会主义现代化建设的汹涌大潮。

几千年来，土地不仅是中国农民的衣食父母，也是中国这个传统农业大国的生命根基。在新中国建立后，迅速建立起了农村公社。但微薄的"工分"收入，不充足的粮食配给，使得一年四季在土地上辛辛苦苦劳作的农民却常常食不果腹，土地带给他们的亲切感正在一步步消失。

1978年12月的一天，在十一届三中全会召开的前夕，小岗村的18位村民冒着坐牢的危险，在一份承包责任制的文书上按了鲜红的手印，把集体耕地包产到户。结果当年大见成效，粮食产量从3万斤增加到12万斤。小岗村的变化，在安徽省产生了极大的示范效应：群众创造的这些办法得到省委的支持，并在多个县进行推广试点。不到3个月，全省实行联产责任制的生产队发展到占总数的15.2%。生产力因为生产关系的调整而得到了解放。

1980年9月，中共中央召开各省、市、自治区第一书记座谈会，着重讨论加强和完善农业生产责任制问题。1983年1月，中央第二个"一号文件"肯定了发达地区实行联产责任制的做法，指出联产承包制"具有广泛的适应性"，要求林业、牧业、渔业，开发荒山、荒水以及多种经营方面，都要建立联产承包责任制。

1979年以后，政府对农副产品流通体制也作了局部改革，其趋势是放松控制，搞活市场。在坚持以统购统销为主体的前提下，恢复了议购议销的形式，逐步减少了农副产品统购派购的品种范围，扩大议价和市场交换，对于仍然统购的品种也改变了全额收购的政策，农民在完成征购任务之后可以自由上市。同时，允许集体、自发合作组织、农民私人进入流通市场。

与农村改革伴随产生的重要成果是乡镇企业的异军突起。乡镇企业发展速度很快。1979至1983年年均增加产值145亿元，1984年上半年就增加了产值489亿元，增长率为41%。1984年全国乡镇企业已达606万个，职工人数达5208万人。乡镇企业在一些农村已经成为农村经济的重要支柱。

农村改革风潮带来的良好业绩很快推动了城市改革的进行。1776年，亚当·斯密的《国富论》中指出人类有利己的天性，每个人行为的动机主要是利己，求得自己的利益。但是追求自利不仅不是不道德之事，利己心还是人类一切经济活动的推动力，因为个人的理性自利可以使社会资源分配达到最佳状态，有助于整个社会福利。虽然亚当·斯密所主张的自由放任的经济政策存在着某些弊端，但是他所指出的个人自利的合理合法以及理性自利的良好作用却是颇为深刻的论断。中国的经济以往踯躅不前，恰恰就在于对于个人合理合法自利和企业合理合法自利的忽视。因此，城市改革的进行主要就是经济体制的改革。从最初的城市改革来看，主要表现在两个方面：一是放开就业政策，二是发展多种经济形式。

1981年6月，国务院有关部门发出通知，提出个体工商户是自食其力的独立劳动者，各级有关部门在政治上和经济上对个体工商户要同全民所有制和集体所有制单位一视同仁，同等对待，在资金、原料、税收等方面给予支持，并提出有些地方存在歧视个体工商户的态度，必须改变。为了积极扶持个体经济的发展，同年7月，国务院发布《关于城镇非农业个体经济若干政策性规定》，明确肯定了多种经济成分和多种经营方式同时存在的必然性、长期性。

1984年10月20日，中国共产党十二届三中全会在北京举行。加快以城市为重点的整个经济体制改革的步伐，被认为是当时中国形势发展的迫切需要。改革的基本任务是建立起具有中国特色的、充满生机和活力的社会主义经济体制，促进社会生产力的发展。

1986年12月5日，国务院作出《关于深化企业改革增强企业活力的若干规定》（以下简称《规定》）。《规定》提出全民所有制小型企业可积极试行租赁、承包经营。全民所有制大中型企业要实行多种形式的经营责任制。各地可以选择少数有条件的全民所有制大中型企业进行股份制试点。市场经济体制改革一步步前行并完善。

恢复高等学校招生考试制度，是1977年邓小平重新走上党和国家领导岗位之后作出的一个在全社会引起强烈反响的重大决策。这个重大决策，是扭转十年"文化大革命"造成的教育领域混乱局面，恢复和建立新的教育秩序的开端。这个重大决策，改变了一代知识青年的命运，为社会主义改革开放和现代化建设培养了一大批各行各业的高素质人才。

在高考恢复之后，教育体制改革也不断取得很大进展。从中央到地方都重视教育事业的发展，教育经费逐年增加，教育事业费占财政支出的比重，由1978年5.9％提高到1986年9.5％。1986年颁布《中华人民共和国义务教育法》后，开始有步骤地在全国普及九年制义务教育。同时，调整中等教育结构，大力发展职业技术教育。

科技体制改革，也是当代中国改革系统工程中的重要组成部分。中国原有科技体制存在着严重的弊端，科技工作与经济建设相脱节，阻碍了科技成果向生产的转化，也影响了科技人员智慧才能的发挥。因此，对科技体制进行改革，是经济体制改革和经济发展形势的客观要求。1982年，中共中央、国务院提出了"经济建设必须依靠科学技术，科学技术工作必须面向经济建设"的指导方针。1983年，国务院成立了科技工作领导小组，开始领导科技体制改革的试点。

20世纪80年代来临的时候，世界上虽然如美国、英国等国的经济都存在着一些问题，但是世界的经济中心仍然主要位于美国、欧共体和日本。大型的跨国公司也主要集中在以上三个地区，单个跨国公司的资本甚至超过了某些不发达国家的财政收入。

面对这种状况，如果中国依旧不让自己的经济与国际社会共通，那么也许很快中国这个亚洲大国也不得不面临着被边缘化的命运。邓小平等人清晰地感受到了这种紧迫感，尤其是在他1979年初第一次访问美国之后。要想真正赶上美国的发展水平，中国只有融入到世界之中，美国的发展史就是一部融入全球经济的历史。

1979年7月，由五届全国人大二次会议制定的《中华人民共和国中外合资经营企业法》颁布实施。随后，国务院还颁布了其他有关法规，规定对外商来华投资、转让技术，在劳务费用、场地使用、税收、利润、生产经营的外部条件和自主权等方面给予一定的优惠待遇。引进外资，鼓励外国公司企业或个人到国内来投资设厂或办合资企业，这无论在政策上还是观念上都是一大突破。

为了加大开放力度，政府进行了以点带面的对外开放试点。1979年7月中旬，中共中央、国务院批转广东省委、福建省委关于对外经济活动实行特殊政策和灵活措施的报告，决定在深圳、珠海、汕头和厦门试办特区，曾经人们喜欢称这些经济特区为改革开放的窗口，正是借着这些窗口，中国人窥见了外边世界的精彩，同时也将自己的精彩展现给整个世界。

综上所述，改革开放的形成有对历史经验的反思，有对国际趋势的把握，在具体的改革开放政策中，经济、政治、科教文化等方面的改革齐头并进。总之，从改革开放的提出到进行都体现了历史合力。

第三节　区域合作与历史合力

随着全球化的推进，主权国家之间的竞争变得越来越激烈，应对的问题也越来越多，于是区域国家之间的合作就越来越多，甚至组建了区域合作组织。而很多国家之所以愿意组建区域合作组织，就是因为区域合作组织能够产生很多积极组织，同时应对很多难题，换言之，是历史合力因素使各国愿意构建区域合作组织。

在全球化时代，主权国家已经无法单独依靠自身的力量应对诸多的国内国外问题。在国家安全上，一国如果与邻国或区域内国家存在领土纠纷、政治分歧甚至由此导致战争的话，将会对一国的综合发展产生重大的消极影响。而如何应对双边纠纷与矛盾却往往不是发生矛盾与冲突的国家自身就能解决的，即便能够解决，这样的案例也少之又少。在经济上，一国的经济发展要深刻依赖于区域市场和全球市场，而区域对一个国家经济发展的影响又最为直接。区域内其他国家是否会为一国提供本国商品的潜在市场，其他国家所掌控的出海通道等是否会被本国顺利使用，本国的商品是否会与区域内国家的商品实现互补，跨国公司是否会在区域内壮大进而在全国拥有竞争力，等等，都是一个国家在发展经济的过程中需要深入思考的问题。在应对非传统安全威胁上，恐怖主义猖獗、疾病扩散、环境问题、自然灾难等问题，波及范围往往不止一个国家，因而也不是一个国家以一己之力所能独立应对的。在与大国的周旋上，如果某一区域内的国家都相对弱小，就只能依靠集体的力量，才能实现一定程度上对大国的制衡或是增强与大国讨价还价的能力，单独一个弱小国家在与大国，尤其是超级大国的实力对比中，将显得力量十分渺小。正是因为方方面面的现实需求以及单个的主权国家无法实现自己的这些需求，区域合作的出现是对主权国家能力不足的绝好替代。我们下面就依次看看区域合作如何在国家安全、经济发展、应对非传统安全威胁以及降低外来大国影响力等方面发挥作用的。

首先，区域合作有利于治理区域内的双边争端。区域内出现的战争与动荡不仅会影响到出现这些问题国家本身的稳定与发展，也会对整个区域产生不良的影响。因此，区域共同体一旦建立，就会在处理双边争端等问题上尽力发挥调停的作用。区域共同体是各国之间自愿组建的联合性组织，组织一旦建成，就会有自己的规章制度与行动原则，在一个国家加入区域共同体后就要相应地执行共同体制定的规章制度与行动原则，这样就有助于让共同体内的成员之间协调一致，尽管有些时候区域共同体无法对某一个主权国家形成强大的约束力，但违反了区域共同体的规章制度与行动准则最起码要付出道义上的代价。道义上的代价即便不能对一国的内政产生影响，但却会使一国的外交受到冲击，甚至当一国粗暴地违反了区域共同体的规章制度与行动原则时，会受到区域内其他国家的孤立。因此，区域共同体制定的原则本身就能对约束成员国的行为产生一定的积极作用。区域共同体的构建在消弭国家之间的冲突上一般都会产生积极的推动作用，即便不能够让区域共同体内有传统矛盾的两个或几个国家就此罢兵息武，但至少区域共同体能够努力推动冲突国家在共同体的框架内通过协商解决问题并提供一个协商问题的平台。如埃塞俄比亚和厄立特里亚曾于1998年爆发战争，在战争持续了一年多之后，战争双方都意识到战争的持续只能造成两败俱伤的局面，于是希望以谈判来解决问题。这时，"非洲统一组织"也正在两国之间进行斡旋调停，恰好为埃塞俄比亚和厄立特里亚的谈判协商提供了一个良好的平台。两国在当时非洲统一组织的主席国阿尔及利亚的首都阿尔及尔就细节问题进行了几个月的谈判，最终于2000年底签订了一项和平协定。尽管该项和平协定并未能完全化解两国之间的矛盾，但无论是对两个当事国来说还是对整个区域来说，停战都可算是积极的进展。

其次，区域合作有利于实现经济共赢。区域共同体除了能够调和国家之间的矛盾，还有利于促进区域经济的发展。经济区域化是指在一定的区域范围内，地理相邻的国家建立经贸合作组织，通过契约或协定，促使资本、技术、劳动、信息、劳务和商品的自由流动和有效配置，维护共同的经济利益的动态过程。同时也是国家间在经济上进行不同程度的联合或合作，在特定领域内实现跨国性的统一过程。在当今的欧盟，我们可以看到区域共同体对促进共同经济发展的最佳典范。从统一的货币欧元，到具体的财政赤字监督；从统一的市场到渐趋统一的旅游业，无不彰显着区域经济的协同发展对本国经济的促进作用。

再次，在应对非传统安全威胁上，区域合作能够发挥明显的效用。安全，是一个古老而永恒的命题，也是主导一国对外政策的至关重要的因素。自国家诞生的时刻起，如何看待国家安全，就决定了国家的具体行为以及国与国之间的关系。安全问题的根源在于威胁，如何看待威胁并思考消除威胁的方案就是安全观。传统的安全观一般多是强调国家的军事安全，即集中于本国的领土不受侵犯。然而，在全球化时代，威胁国家安全的因素却变得错综复杂。

目前，传染性疾病的跨国传播随着人员流动性的增强已经越来越频繁，对各国医疗卫生事业的挑战也日益严峻。尤其是在撒哈拉以南的非洲，这种状况更为严峻。诸如艾滋病、疟疾等疾病，不仅威胁着民众的生命安全，也对国家的政治稳定与经济发展形成了不小的威胁。在应对传染性疾病传播的问题上，单个主权国家即便投入了大量的人力、物力，但就它们自身的力量来说，往往显得力不从心。在应对传染性疾病的传播上，尤其是当发病者与病毒携带者的人数庞大时，一国在应对这样的问题时更会显得捉襟见肘，因为存在大规模的感染者和病毒携带者，就意味着需要政府投入大量的资金，用于医院的建设，设备的购入，药品的研发，护理人员的雇用等，这些情况对于非洲那些陷入乱局与发展困境的国家来说，靠自身力量是难以应对的。这时区域组织就应当发挥很好的协同作用——进行联合防治。联合防治的内容十分广泛，既包括药品的联合研发，医疗设备的互通有无，也包括对感染者的共同监控、共同救治，统计数据的共享，防治政策的联合协商等。此外，区域内较为富裕的国家还可以向欠发达国家提供医疗人员与资金方面的支持。

随着全球自然灾害事件的频发，一些国家也无力单独应对大规模灾害事件的发生。如地震、海啸等自然灾害，其破坏性影响往往会对某一地区的国家造成集体性伤害。河流、空气等方面的环境污染，同样会波及到邻近的几个国家。应对这样的自然灾害或是环境问题，需要整个国际社会尤其是区域力量发挥作用。只有区域范围内建立广泛的信息共享与救援协调机制，才能在灾难发生时将损失降低到最低限度。

区域的力量对于遏制武器的走私泛滥也能发挥一定程度的作用。区域的力量能够在遏制武器走私方面贡献自己的力量。比如区域组织能够有效地监督武器生产，限制武器交易，鼓励军工生产向民用生产的转变，制定更为严格的武器管理条例，对冲突地区实施武器禁运，买进剩余的武器进行销毁，限制弹药的市场流通等。在非洲，"西非国家经济共同体"和"南部非洲发展共同体"就为解决本地区的武器问题，作出了相应的努力。

除了缓解区域内的矛盾与争端，促进经济发展，应对多方面的非传统安全威胁之外，区域共同体的构建还能降低外来大国在本地区的影响力，有利于实现区域问题区域解决。

在一个相互渗透和不断全球化的世界中，外部力量对地区事务的参与和影响是不能排除的，甚至在个别地区是日益加强的，每个国家都不想自己的内政外交被其他国家牵着鼻子走。构建区域共同体，区域共同体内的国家在政治、经济，进而在外交政策上的协调有助于增强区域的整体力量，能够降低区域外大国在本地区的影响力，甚至在某些方面，区域共同体能够与区域外大国抗衡。最初欧共体的建立，就是因为美苏两个超级大国主宰着全球政治的风向，而欧洲不甘心只成为美国的附庸，所以组建共同体的一个重要因素也是为了欧洲能够以集体的力量降低美苏带来的影响。

每个国家在国际舞台上与其他国家进行互动时，都要时时考虑本国的国家利益。但是，在全球化时代，单个主权国家已经无力应对很多跨国问题，区域合作恰好能够弥补一国国家能力的不足，在努力实现共同体内部共赢的同时也能促成单个国家的稳定与发展，所以区域共同体便在一系列现实需求的基础上或者说是在各种历史合力的基础上得以成功构建。

第四节　殖民地独立与历史合力

殖民地的独立运动是第二次世界大战后世界政治的发展趋势，众多的殖民地国家纷纷走上独立建国的道路。这条独立建国的道路对有的国家来说是平坦的，对有的国家来说则是曲折的。但无论是平坦还是曲折，殖民地独立运动都体现出了历史的合力。为了更好地发现殖民地独立运动中的历史合力，我们来选择一个独立建国道路比较曲折的个案——东帝汶，来看看东帝汶独立运动中的历史合力。

东帝汶就是国际大舞台上的一个小角色。东帝汶位于印尼努沙登加拉群岛的帝汶岛东部，大约在澳大利亚以北600千米处，由多个部族组成，使用30多种语言。

1859年葡萄牙与荷兰签订协议，瓜分了帝汶岛，荷兰控制的西部称为西帝汶，葡萄牙控制的东部称为东帝汶。这种状况一直维持到二战。二战爆发后，1942年日本出兵帝汶岛。1943年以澳大利亚、荷兰为首的盟军战败，日本统治了帝汶岛，直到1945年8月日本战败投降。日本撤出后，荷兰和葡萄牙势力又卷土重来，但是荷兰的势力很快就被印尼的革命力量所驱逐。经过1945年到1949年的顽强斗争，印尼终于获得了真正的独立，西帝汶也成为印尼的一部分，而东帝汶则继续由葡萄牙控制。1951年，葡萄牙把东帝汶定为海外省，想要长久统治下去。

1960年12月14日联合国大会通过了《给予殖民地国家和人民独立宣言》，该宣言宣布，要"迅速和无条件地结束一切形式和表现的殖民主义"，"所有的人民都有自决权"，"在托管领地以及还没有取得独立的一切其他领地内立即采取步骤，依照这些领地的人民自由地表示的意志和愿望，不分种族、信仰和肤色，无条件和无保留地将所有权力移交给他们，使他们能享受完全的独立和自由"。在该宣言颁布之前，联合国就已经确认东帝汶是葡萄牙控制下的非自治领地，因此东帝汶人民理应获得独立。

1974年4月25日葡萄牙发生武装政变，新政府上台。新政府上台后，宣布支持殖民地的自决权。1974年8月3日葡萄牙政府向联合国秘书处递交了一份备忘录，宣称全面与联合国合作，承认东帝汶的非自治领地地位，承认其有自主管理权。

国际环境的变化和殖民宗主国葡萄牙的政权更迭，给东帝汶带来了新生的机会。葡萄牙新政府的新姿态，使一些东帝汶精英分子看到了曙光，一些政党迅速组建起来。民主联盟主张在葡萄牙的旗帜下，逐渐实现自治。东帝汶社会民主协会被认为有着共产主义倾向，主张先实现自治，最终走向独立。东帝汶人民民主协会被认为得到了印尼的暗中支持，主张同印尼合并。

印尼吞并东帝汶的野心在葡萄牙新政府准备撤出东帝汶时就已经表现出来。印尼吞并东帝汶主要基于两方面的考虑：首先在经济上，帝汶海发现了大量的石油、天然气资源；第二在意识形态上，革阵受了莫桑比克的影响，倡导的是典型的第三世界解放运动，有着共产主义倾向，而印尼领导人苏哈托是反共的急先锋。

1975年12月7日，苏哈托得到美国的默许后，对东帝汶发动了武装进攻。美国出于扼制共产主义蔓延和经济因素的考量，为印尼入侵东帝汶开了绿灯。其他一些能够对印尼决策产生影响的国家，也出于自身利益的考虑，采取了同美国相同的政策。1976年7月17日，苏哈托公开宣布把东帝汶合并为印尼的第27个省。

在印尼把东帝汶合并为第27省后，对于印尼的持久批评，只限于那些或鞭长莫及或影响甚微的国家。葡萄牙作为联合国承认的管理国本该在此问题上发挥更大的作用，却因为内部的混乱而显得力不从心。尽管葡萄牙武装政变后，开始由法西斯专政向民主国家过渡，并于1976年完成了总统选举，但是巩固政治的过程是混乱的，在1976年到1982年间，葡萄牙产生了八个政府（每年超过一个），每一个政客掌权的时间都很短暂。

印尼在稳固了政治统治的同时，也的确向东帝汶投入了大量的金钱，主要用于基础设施建设，诸如公路、医院，大力提高医疗水平，尤其是大力兴办了教育，完善了从初级院校一直到大专院校的人才培养模式。但是印尼在投入大量金钱的同时，也在进行着把东帝汶人印尼化的政策。在任命官员的时候，尽量选用亲印尼派人士，培养东帝汶官员对印尼的忠诚度；在就业压力巨大的情况下，给予与印尼合作的学生良好的就业机会。在学校教育中，教师都是从印尼的其他地方调过来，向东帝汶学生灌输印尼的历史，颂扬印尼反抗荷兰殖民者的功绩，教授东帝汶人认识印尼的国旗、国徽，大力宣传印尼的建国五原则：信仰神道、人道主义、民族主义、民主主义和社会正义。印尼在东帝汶还大力推广印尼语，开始是限制、后来禁止东帝汶主要方言提顿语和葡萄牙语的使用。

东帝汶的经济命脉被控制在军队的手中，这是作为对军队的回报。军队通过其控制的公司获取经济利益，而军队控制的公司垄断了咖啡贸易，当地种植者被迫低价将咖啡卖给军方公司的下属合作者。军队还强制扩大咖啡和丁香的种植面积。

印尼的政策激起了以革命阵线为代表的东帝汶民众的反抗。革命阵线组建了自己的军事武装，主要通过游击战等形式打击印尼派驻东帝汶的军队，而很多东帝汶民众则对革命阵线的成员进行了秘密援助。东帝汶民众的不断反抗，遭到了印尼军方的残酷镇压。在冷战结束之前，东帝汶独立运动成效不大。冷战结束之后，各方的力量构成了合力，推动着东帝汶独立建国的步伐。

20世纪90年代之后，印尼军方对东帝汶人的镇压和屠杀，开始不断被一些媒体进行报道，引起了广泛关注。一些非政府组织也不断批评印尼政府的不当统治，并呼吁其他国家进行积极关注。葡萄牙、澳大利亚、美国等国都在东帝汶问题上相继表达了支持东帝汶的立场。1997年爆发的亚洲金融危机，虽然是一场金融灾难，但是就其对东帝汶问题产生的政治影响来看却是积极的。印尼总统苏哈托在金融危机中下台，西方国家出于自身考虑开始对印尼的新政府施压。新政府出于多方考虑，最终决定允许东帝汶人民进行公投。如果公投结果是超过半数的人不支持东帝汶并入印尼，印尼将允许东帝汶独立。1999年8月30日，公投举行，投票结果是78.5%的民众不同意并入印尼。原本东帝汶人民就该就此实现独立，但是印尼的军方并不甘心。在印尼军方的支持下，东帝汶的一些支持同印尼合并者发动暴乱，酿成了大规模的流血冲突。印尼在联合国和美国、澳大利亚、日本等国的压力下，被迫接受由联合国接管东帝汶。联合国成立了东帝汶过渡行政当局，全面接管东帝汶事务。但是联合国和联合国主导下的非政府组织，并没有考虑到当地的文化、社会结构等具体情况，武断地按照自己的意志行事，以至于被一些评论者批评为"新殖民"。在进行了近三年不成功的管理后，2002年，联合国决定将管理权交给东帝汶人。

2002年5月20日，在经历近400年殖民统治和军事占领以及联合国的管理后，东帝汶人民终于迎来了国家的独立。随着联合国旗帜的降落，东帝汶国旗在庄严的国歌声中升起，东帝汶国民议会议长卢奥洛庄严宣布：东帝汶民主共和国正式成立。东帝汶首任总统古斯芒宣誓就职。包括美国和中国在内的90多个国家的领导人和政府官员以及近10万名东帝汶群众目睹了这个历史性时刻。

殖民地的独立是历史合力的结果。从东帝汶的这个案例上，我们可以看到是各种因素、各种力的合力，既是造成东帝汶独立建国道路艰难曲折的原因，也是促成东帝汶最终能够实现独立的原因。

第五节　索马里海盗问题与历史合力

海盗，似乎是一个充满着神秘感的词汇。早期北欧的维京人在哥伦布发现美洲之前就曾将劫掠的船只停靠在北美大陆，然后满载而归；大航海时代来临之后以英国为代表的官方支持的海盗又为欧洲的发展劫掠了大批黄金，为此海盗头子德雷克甚至还获得了英国女王的册封，当上了爵士。好莱坞的大片《加勒比海盗》在接连推出续集后，更是让全球的观众们沉浸在那云谲波诡的海盗航程中。

然而，近年在亚丁湾地区横行的海盗却让我们失去了对海盗这个词诗一样的幻想。亚丁湾地区的海盗，以索马里海盗为盛，这些海盗面容乌黑，手持AK47，肩扛火箭筒，敢于劫掠各国船只，敢于绑架各式人物，敢于勒索大额赎金。

索马里海盗什么样的船都敢碰，2005年时他们劫持过一艘联合国粮食计划署运送救灾物资的船只，除了将船上物资洗劫一空之外，他们还叫嚣让联合国出巨资赎回船只和船员；2006年3月，索马里海盗对美国的导弹驱逐舰还进行了先下手为强的打击；2008年11月，索马里海盗劫持了沙特阿拉伯的超级油轮"天狼星号"，更是令全世界震惊。"天狼星号"的载重能力达32万吨，最多可载200万桶原油，该船被劫后，全球的油价应声上涨了大约1美元。

面对猖獗的海盗，美国、欧盟、日本、韩国、中国都曾派出船只护航、打击海盗，但是索马里海盗依然屡禁不止，根源在哪儿呢？要获得一个较为清晰的答案，我们需要借助历史合力论的分析，分析造成索马里海盗猖獗的多种因素。

索马里位于非洲大陆东端的索马里半岛，北临亚丁湾，东滨印度洋，西与肯尼亚和埃塞俄比亚接壤，西北与吉布提交界。索马里大部族之间的互不统属，争夺资源，加上以部族为基础的多党派政治，使索马里的政局要么隐患重重，要么动荡不安。

在索马里走向独立的过程中，曾滋生出"大索马里主义"思想，即认为所有的索马里人都应是一个国家的。这样除了原本的英属索马里（北部地区）和意属索马里（南部地区）之外，还应该包括有大量索马里人居住生活的法属索马里（1971年独立为吉布提）、埃塞俄比亚的欧加登地区和肯尼亚的东北部地区。索马里在独立之后，因为"大索马里主义"思想一直与周边关系较为紧张。

1969年10月，索马里的少壮派军人发动武装政变，推翻了民选政府，推举武装部队司令西亚德为最高革命委员会主席。20世纪80年代中期之后，西亚德的用人政策偏向自己所属部族，其他部族受到了排挤，各部族都开始不满西亚德的统治，以部族为基础的分裂组织再度出现，各自为政，其中势力最大的是曾任西亚德军队参谋长的艾迪德一部。

1990年8月，伊萨克部族、哈威依部族、达鲁德部族的三方首领召开了一次联合会议，决定联合起来攻打政府军。1991年初，以艾迪德部队为主的联合武装攻入了首都摩加迪沙，以政变起家黄袍加身的西亚德在统治了索马里22年之后，同样被政变推下了台，他仓皇出逃，4年之后病死于尼日利亚。

艾迪德虽然推翻了西亚德，但他并没能继承西亚德的独裁地位，当时艾迪德任执政党——联合大会党主席，并任议长和军队参谋长，但临时总统却是迈赫迪，二人之间的关系势同水火，酿成了一场新的内战。最后，艾迪德主要控制了首都以北地区，迈赫迪主要控制了首都以南地区。同时联合大会党基本上被哈威伊部族操控，这种不顾其他众多集团利益的做法引起了其他部族的强烈不满。因而其他部族又联合起来向首都发兵，以部族纷争为基础的军阀混战随即愈演愈烈，首都摩加迪沙市区的炮火几乎从未间断。

　　人祸不断，又逢天灾，加上原本残破的社会经济，索马里境内出现了严重的大饥荒，据估计至少有30万人在20世纪90年代初的这场大饥荒中丧生，这对于一个人口仅1000万的国家来说，可谓损失异常惨重。

　　战乱、饥荒以及无政府状态催生了索马里海盗。在朝不保夕、流离失所的境遇下，当海盗，不仅能让一些人解决温饱，甚至可以让他们一夜暴富。在平均寿命不足47岁的国度里，铤而走险因此成为很多人的选择。但是，在20世纪90年代初时，索马里海盗尚没有今天这样猖獗，也没有引起国际社会的足够重视。联合国和一些大国更为关心的是整个索马里的混乱和人道主义危机。

　　从1993年初开始，联合国的维和部队不断受到军阀武装的零星挑衅和攻击，到了1995年3月，联合国驻索马里的维和部队撤出了索马里。这时的索马里依然是毫无秩序，一团乱麻，海盗成为越来越受追捧的职业。

　　当联合国维和部队撤走之后，索马里的各派武装大力抢占、稳固地盘，之后还不满足，纷纷宣布独立或是自治。这样，到21世纪来临的时候，索马里境内大体上可以分成三四个分庭抗礼的武装地区。当然，这些武装之间面对着十几年间造成的各派俱伤的现状也不断组织军事协调会议，希望能够在合理分配利益的情况下实现停战。

2004年，索马里联合过渡政府成立，但这一过渡政府不是在索马里首都摩加迪沙建立的，而是在肯尼亚的内罗毕建立的。这一事件就说明各派武装还是不能达成一致意见。2006年，索马里过渡联合政府又不痛不痒地建立了临时政府。

但就在2006年，一支带有原教旨主义色彩的武装力量"联合伊斯兰法庭"迅速在索马里中南部崛起。联合伊斯兰法庭中有大量的激进分子，这使索马里的邻国埃塞俄比亚甚为忧心，这时美国也站在了埃塞俄比亚的一边。因为美国在"911"事件发生之后，虽然摧毁了塔利班政权，但仍有大量的塔利班分子和基地组织成员逃亡，其中索马里被认为是恐怖分子逃亡的所在地，而联合伊斯兰法庭又吸纳了基地组织成员和塔利班分子。联合伊斯兰法庭委员会主席哈桑·达希尔·阿韦斯2001年曾被美国列入恐怖分子名单。美国支持埃塞俄比亚对联合伊斯兰法庭进行打击。于是，埃塞俄比亚卷入索马里内战，并帮助索马里过渡联合政府训练士兵，联合伊斯兰法庭也宣布对埃塞俄比亚展开"圣战"。

在美国、埃塞俄比亚和索马里联合过渡政府三方夹击下，联合伊斯兰法庭很快在战斗中败下阵来。尽管联合伊斯兰法庭武装引起了多方的反感，但是该武装却在迅速兴起的过程中出动部队清剿了海盗在陆地上的据点。联合伊斯兰法庭的严厉打击使索马里海盗一度偃旗息鼓。但是当联合伊斯兰法庭被埃塞俄比亚和索马里联合过渡政府击溃后，震慑海盗的力量也消失了，索马里海盗从2007年开始异常活跃，也引起了全球各国的瞩目。

无休无止的乱局，让很多平民百姓看不到希望，于是海盗这种铤而走险、违背道德的职业反倒受到了推崇，一些海盗头子甚至被看成英雄。而海盗的高收益，甚至使人们忽略了其高风险，据称索马里海盗每劫持一艘货轮，至少可以带来100万美元的收益。从整体收益来看，海盗的劫掠收入远远高于当地的财政收入。如在索马里的邦特兰地区，海盗2009年获得赎金达3000万美元，而行政当局收入仅为2000万美元。人们争先恐后地加入到海盗行列中来，这也是索马里海盗长剿不灭的重要原因，索马里海盗已经做到了"寓盗于民"。

对于那些不能做海盗的人，如老弱妇孺，海盗也能想方设法让他们分得一杯羹，让他们体验到海盗带来的"甜头"。海盗们从事着最为古老的打劫生意，但是却运用了一种非常现代化的资金运作手段——投资公司。海盗们成立的投资公司，附近的男女老幼可以拿各种物品入股，然后等待海盗拿勒索来的资金进行分红。

索马里海盗的"名头"越来越响，劫掠行为越来越猖獗，其根源不在于海盗们有多么彪悍，而在于索马里正面临着国家失败，部族认同超出公民认同，军阀只有权力与地盘观念，而将国家的整体利益抛诸脑后。在政治的分崩离析与军事的战火纷飞下，普通的民众难以通过兢兢业业的工作得到安稳的生活环境，更不要说获得社会地位、实现人生价值。于是，铤而走险的思想在蔓延，海盗这种原本违背道德与秩序的职业却在索马里的民众中得到了越来越多的认可。无政府状态下国家能力的丧失，武器的散布，民众的推崇，更使海盗在索马里的生存空间越来越大，各种因素共同作用，使索马里海盗问题直到今天依然不能解决。如果这个国家不能够集合各种积极因素，使国家得到很好的治理，不能够建立起强大的政府，给人民稳定的生活，海盗就不会在这片土地上消失。

第六节　阿富汗困局与历史合力

美国赢得了冷战，并成为全球唯一的超级大国——不仅在军事上，而且在经济、技术甚至文化上。但是恐怖袭击事件一下子改变了美国原有的那种安全状态。恐怖主义，这种与强大的主权国家比较起来弱小得多的一种非对称力量却使世界上最为强大的国家也难逃磨难。"911"恐怖袭击事件发生后，美国政府需要尽快锁定对它造成袭击的直接敌人，以便消除国内民众对于敌人不确定性的不安。9月12日，美国总统小布什就宣布美国已处于战争状态，并很快锁定恐怖袭击者为本·拉登领导的基地组织。小布什宣称要对本·拉登及基地组织进行自卫式的武力打击，并向给本·拉登提供庇护的阿富汗塔利班政权下达了通牒。当塔利班政权拒绝美国提出的要求时，美国打击阿富汗的计划迅速提上日程。

2001年10月7日，以美国为首的多国部队对阿富汗发动了正式进攻，两天后联合国正式授权美国对阿富汗进行打击。但也有不少分析人士指出，美国之所以打阿富汗，也可能与阿富汗重要的地理位置有关。阿富汗是位于亚洲中西部的内陆山国，北接土库曼斯坦、乌兹别克斯坦和塔吉克斯坦，东北狭长地带与中国接壤，东和东南与巴基斯坦毗邻，西与伊朗交接，地处西亚、南亚、中亚的三大区域交叉地带，地理位置特别重要。正因如此，1979年苏联也曾入侵了阿富汗，成为当时冷战时期爆炸性的事件。

美国打击阿富汗的目标是清除基地组织，彻底瓦解塔利班政权，结果美国虽然以凌厉的攻势在两个月时间内打赢了阿富汗战争，但基地组织并没有被击溃，塔利班也只是由执政换成了"在野"的地位，甚至这种"在野"比现在的卡尔扎伊政权更有号召力，已经在阿富汗的许多城市建立了"影子政权"。据有的媒体透露，阿富汗的34个省中已有31个被塔利班分子渗透，塔利班在这些省里组建起了通畅的运作网络。尤其是一些地方的实权职位被亲塔利班分子所掌控，他们为塔利班提供庇护及补给。

塔利班不断通过游击战和春季攻势对阿富汗现政权和以美军为首的驻阿安全部队发动攻击，昭示自己的存在。而阿富汗现政权和驻阿安全部队对塔利班的态度也由最初的坚决打击，到现在不得不转变为边打边谈判的态势。

美国打了阿富汗战争，尽管不同的分析者能够找出美国发动这场战争林林总总的目的，但也不能否认美国在阿富汗的重建上的确付出了巨大的人力、财力，美国一心想把阿富汗现政权扶植成一个合乎西方民主、稳定且具有广泛代表性的政权。

美国国务院和国际开发署在《2004—2009财年战略计划：对外交和发展援助的修正》中提出，美国在阿富汗要达到的目标有：一、应在阿富汗建立内部和外部安全以确保经济重建、政治稳定和阻止鸦片产量的增加；二、必须建立一个稳定、有效和具有广泛代表性的中央政府；三、确保经济发展，增强经济自立能力减少对国际援助的依赖；经济发展必须支持；四、在重建过程中，帮助阿富汗人民满足其重要的人道主义需要。

　　阿富汗战争一结束，美国就向阿富汗提供了高达2.97亿美元的援助，之后每个财年美国都会增加对阿富汗的援助额。从2002年开始，美国首先在阿富汗东部城市建立省级重建队，之后逐渐扩展到阿富汗全境，这一组织不仅协助阿富汗地方政府制定经济发展政策，还帮助培训底层行政人员。

　　美国绞尽脑汁地想让阿富汗稳定下来，但结果是由美国在背后撑腰的阿富汗现政权并没有实现美国之前的美好设想。卡尔扎伊政府实际控制的范围仅限于首都喀布尔及其周围地区，卡尔扎伊也因此被一些媒体戏称为"喀布尔市长"。地方省市多为地方的权势人物控制，美国的省级重建队在地方权势面前很难达到预期的设想，反倒是自2006年以后，随着塔利班势力卷土重来的迹象越来越明显，众多的城市组建起了塔利班的"影子政权"。

　　局势的持续动荡加剧了阿富汗民众的生存艰难，美国和卡尔扎伊政府曾经承诺要减少阿富汗的罂粟种植，但民众为了生存却扩大了罂粟种植面积，据联合国2009年6月发布的一份报告显示，2001年至2008年阿富汗罂粟的种植面积增加了约20倍。政治难题、经济难题相互纠缠，使阿富汗现政权成为扶不起的阿斗，也因此加剧了阿富汗的困局。

阿富汗之所以战火连绵，除了美国应付很大的责任之外，其自身也有很严重的问题。其中最为重大的问题就是社会的整体认同度低，各派系武装各自为政。

自1747年阿富汗杜兰尼王朝建立以来，普什图人一直在阿富汗政治、经济、军事生活中占据主导地位，历代统治者不仅没有将部族问题列为优先解决的问题，反而实施向普什图人倾斜的经济、政治政策。普什图人与非普什图人的矛盾一直是阿富汗的主要社会矛盾。普什图人又分成四百多个大小部落，分布于阿富汗广大农村地区的部落虽然归属中央政府管辖，却享有高度的自治权，包括行政管理权、经济自主权，有的在军事上还拥有自己的武装。部落地区的领导人称为部族首领，他们在部落地区就像国家总统一样至高无上，他们有权处死那些不遵守部落规矩的人，中央政府的权威甚至都依赖部族首领的支持。不仅如此，在阿富汗，民众对部落、血缘的认同和忠诚往往高于对国家的认同，各个部落间的纠纷也是导致阿富汗长期动荡的因素之一。

1979年苏联入侵阿富汗，引起了阿富汗全民愤慨，但当1989年苏联撤出阿富汗后，阿富汗各派之间没能坐在一起共商国是，旋即展开你争我夺，连年内战。正是在这种背景下，塔利班宣称要铲除各路军阀，恢复和平，才得到广泛支持，异军突起，并一度控制了90%的领土。即便如此，反对派北部联盟依然存在，美国在攻打阿富汗时就与北方联盟进行了合作，才得以迅速结束了阿富汗战争。

常年的战乱，使阿富汗的工业、农业、基础设施都遭受严重破坏，生产生活物资奇缺，教育、交通等其他方面更是难以发展。据世界银行报告显示，阿富汗可以享受自来水供应的城市居民不到20%，基本医疗只能覆盖40%的人口。可以说，在阿富汗被美国攻打之前，已经因种种原因而陷入困境之中，塔利班政权对基地组织的庇护使这个国家又蒙受了一次兵灾祸乱，从而国家更加举步维艰。

长期的社会分裂与对峙局面很难在短期内得以缓解。阿富汗乱而不治的困局，最受伤害的是平民百姓，但分裂的常态由谁终结、如何终结尚是未知之数。造成阿富汗困局是各种因素的共同合力作用，也许要想结束阿富汗的乱局，仍需要各种因素、各方力量构成一个合力。

第七节　全球治理与历史合力

现在全球范围内出现了诸如环境问题、恐怖主义问题、地区冲突与人道主义灾难等问题，所以相应地也出现了全球治理的提法。全球治理号召全球一切力量共同发挥合力的作用，共同参与到全球治理过程中，从而使世界变得更加美好。

面对全球问题，我们最先会想到的就是联合国。毕竟作为一个囊括了世界上大多数国家的政府间组织，理应对全球性问题进行治理。比如对于地区冲突，联合国有专门的机构负责维和行动。

多年来，为了应对各种不同的冲突和不断变化的政治格局，联合国维持和平也经历了变革。在联合国维持和平诞生之初，冷战对手常常使安全理事会陷于瘫痪，维持和平的目标主要局限于在实地维持停火和稳定局势，以便能够在政治层面作出努力，以和平手段解决冲突。那时的联合国特派团由军事观察员和配备轻武器的部队组成，发挥监督、报告和建立信任作用，为停火和有限度的和平协定提供资助。随着冷战的结束，联合国维持和平的战略背景发生了巨大变化，促使本组织改变和拓展实地行动，从仅仅包括军事任务的"传统"特派团，向复杂的"多层面"行动转变，以确保执行全面和平协定，协助奠定可持续和平的基础。今天的维持和平人员担负着多种多样的复杂任务，从协助建立可持续的施政机构，到人权监督、安保部门改革、前战斗员解除武装、复员和重返社会，不一而足。

多年来，冲突的性质也发生了变化。按照最初的构想，联合国维持和平是一种处理国家间冲突的手段，而今却越来越多地被用来处理国内冲突和内战。军事力量依然是大多数维持和平行动的主干，但今天的维持和平人员有着多种角色，包括行政人员和经济师、警察和法律专家、扫雷人员和选举观察员、人权监督人员以及民政与治理方面的专家、人道主义工作者及通信和宣传专家，等等。

联合国在维和之外，还很重视发挥人道主义援助的作用，当世界各地或是出现战乱，或是因为饥荒，或是因为大的自然灾害对民众的生命财产造成损失时，联合国总会施以援手。2009年1月14日，负责人道主义事务的副秘书长霍姆斯宣布，从联合国中央应急基金中拨出700万美元，用于支持各人道救援机构在加沙地带的紧急行动。2009年2月3日，联合国人道主义事务协调厅表示，实施2009年阿富汗人道主义救援行动计划总共需要6.039亿美元资金。这个行动计划总共包括联合国和非政府组织的112个援助项目。

在国际舞台上，大国的兴衰成败往往备受关注，许多学者也专注于研究大国在国际关系中的地位和作用。同时在全球联系空前紧密的当代，大国也担负着更多的责任和义务，尤其是在应对全球性问题时。实际上，大国也从来没有将自己完全置身事外。进入21世纪之后，美国又认识到了贫困与战乱是恐怖主义的温床，为了降低威胁，小布什政府也曾慷慨解囊，在经济上加大投入。在小布什政府时期，对非洲的关注被提到了前所未有的高度，小布什政府将非洲纳入美国对外援助的重点范围。

在关注人道主义危机方面，2003年，小布什在出席联合国会议时提出美国决定成立"总统防治艾滋病紧急援助计划"，2003年5月，美国又与联合国签订协议，美国将承担起全球防治艾滋病领导者的义务。2004年"总统防治艾滋病紧急援助计划"正式启动，这是一项双边援助计划，由美国向艾滋病问题严重的发展中国家提供防治资金。该计划的实施期限为5年，从2004财年到2008财年，美国预计将投入150亿美元资金，资助15个艾滋病问题严重的国家，用于艾滋病的预防、治疗、对艾滋病人员的护理、新药品的研发等。按照美国政府的预计，这项援助计划将会实现对200万艾滋病患者的医疗检查，减少700万的新感染者和对1000万已感染者的护理。最后经美国国会确定，选取了15个重点国家作为"总统防治艾滋病紧急援助计划"的受援国，分别为：博茨瓦纳、科特迪瓦、埃塞俄比亚、圭亚那、海地、肯尼亚、莫桑比克、纳米比亚、尼日利亚、卢旺达、南非、坦桑尼亚、乌干达、赞比亚和越南。

同样，中国在对外援助上也做得相当不错。中国的对外援助实际上自新中国建立时期就已经开始，援助的国家由最初的社会主义国家扩展至亚非拉的发展中国家和欠发达国家。周恩来在1964年访问非洲时，还宣布了中国对外援助的八项主张：一、中国政府一贯根据平等互利的原则对外提供援助，从来不把这种援助看作是单方面的赐予，而认为援助是相互的；二、中国政府在对外提供援助的时候，严格尊重受援国的主权，绝不附带任何条件，绝不要求任何特权；三、中国政府以无息贷款或低息贷款的方式提供经济援助，在需要的时候延长还款期限，以尽量减少受援国的负担；四、中国政府对外提供援助的目的，不是造成受援国对中国的依赖，而是帮助受援国走上自力更生、独立发展的道路；五、中国政府帮助受援国建设的项目，力求投资少，收效快，使受援国政府能够增加收入，积累资金；六、中国政府提供自己能够生产的、质量最好的设备和物资，并根据国际市场的价格，如果中国政府所提供的设备和物资不合乎商定的规格和质量，中国政府保证退换；七、中国政府对外提供任何一种技术援助的时候，保证使受援国的人员充分掌握这种技术；八、中国政府派到受援国帮助进行建设的专家，同受援国自己的专家享受同样的物质待遇，不容许有任何的特殊要求和享受。在改革开放后，中国对外援助的国家数量与资金数量都有了进一步提升。以2009年为例，我国就不断对那些处于困境中的国家施以援手，这里只举几个例子就可见一斑。2009年1月5日，中国驻布隆迪大使代表中国政府向非洲大湖地区国际会议执行秘书处捐赠10万美元，以支持其在推动地区和平特别是调解刚果民主共和国东部地区武装冲突方面发挥积极作用。1月8日，中国驻卢旺达大使代表中国政府向卢旺达捐赠7万美元，用于卢旺达急需的民生项目。3月2日，中国驻肯尼亚大使与肯尼亚副总理兼财务部长代表两国政府签署了关于中国政府向肯尼亚政府提供现汇援助的换文。中国政府将向肯尼亚政府提供300万美元现汇援助，用于向肯尼亚面临饥荒的民众提供粮食。10月27日，中国援助加纳疟疾防治中心在加纳首都阿克拉克里布教学医院正式挂牌。

大国除了以维和、对外援助等方式应对乱局中国家的稳定问题与人道主义问题之外，还应考虑消除自身设置的众多经济壁垒，让欠发达国家的物品能够在公平竞争的环境中寻找到适合的市场。大国的经济壁垒，是造成欠发达国家困境的重要因素之一。大国不能只考虑以输出的方式施加自己对世界的影响力，还应考虑以输入的方式降低弱小国家在全球社会中的生存压力。

在联合国、大国或是各国政府能为应对全球问题出力之外，非政府组织也在发挥积极作用。国际非政府组织的创建历史比较久远，以国际红十字会为例，其创立于1863年，她的创始人是瑞士人亨利·杜南。19世纪中叶欧洲战事频繁，1859年杜南目睹了法国、撒丁国联军与奥地利军之间的一场恶战后战场上的尸横遍野，死伤者痛苦挣扎。他向国际社会呼吁，制定一个国际法律，对交战双方的战俘要实行人道主义，保证伤员中立化，一旦发生战争，应不分国籍、不分民族和信仰全力抢救伤员，减少死亡。这一人道主义的提议在欧洲赢得了广泛的共鸣，1863年10月26日，欧洲16个国家的代表在日内瓦召开了首次外交会议，并一致通过了《红十字决议》，1864年8月8日至22日，又签订了《红十字公约》，国际红十字会正式诞生了。

在第二次世界大战后，国际非政府组织的数量出现了迅猛增长，关注的方面也越来越多，譬如妇女儿童权益保障问题、防治艾滋病等传染性疾病问题、环境保护问题、贫困问题、人道主义救助问题、无核化问题、政府对人权的侵犯问题、反腐败问题，等等。联合国也意识到非政府组织对应对全球问题有着直观重要的作用，所以在联合国宪章中就已规定，联合国的经济及社会理事会需采取适当措施，以便同各种非政府组织磋商有关事宜，肯定了非政府组织的作用。据此，国际性的和个别国家内有影响的非政府组织，经联合国批准，可在经济及社会理事会享有咨询商讨地位，如出席有关会议、发言和提交文件。据不完全统计，目前已有近1400个非政府组织享有此种咨询商讨地位。

总之，面对全球性问题所进行的全球治理，需要深入考虑到产生各种问题的综合因素，同时也要集合各方力量共同应对全球性问题。

第八节　金砖国家崛起与历史合力

2001年11月20日，时任高盛首席经济学家吉姆·奥尼尔发表的一份题为《全球需要更好的经济之砖》的报告中，首次把巴西（Brazil）、俄罗斯（Russia）、印度（India）、中国（China）组合在一起，提出了"BRICs"的概念，从投资的角度出发，认为未来世界经济增长的机遇在这四个国家，从此这一概念在全世界不胫而走。一家媒体率先把英文"BRICs"翻译成"金砖四国"，更为贴切地表达出奥尼尔的含义。

2003年10月1日，高盛公司又发表了一份题为《与BRICs一起梦想：通往2050年的道路》的全球经济报告。高盛公司长期以来一直居于世界经济预测的前沿，所以这份报告备受关注。这份报告预测，全球经济格局正经历一个剧烈的变动，在2050年以前，金砖四国的GDP将超过目前掌握全球经济话语权的美国、日本、德国、英国、法国、意大利和加拿大，巴西将于2025年取代意大利的经济位置，并于2031年超越法国；俄罗斯的经济状况将于2027年超过英国，并于2028年超越德国。中国将在2039年取代美国成为全球第一经济强国。到2050年，世界经济格局将会剧烈洗牌，全球新的六大经济体将变成中国、美国、印度、日本、巴西、俄罗斯。届时，现有的六大工业国将只剩下美国与日本。

2009年6月16日，中国、印度、巴西与俄罗斯四国首脑齐聚俄罗斯小城叶卡捷琳娜堡。首脑峰会在21世纪的外交舞台上本不是什么稀奇的事情，但是这次首脑峰会却引起了世界高度瞩目，因为这次峰会可能是"金砖四国"从概念走向现实的里程碑。当"BRICs"八年前被提出来的时候，恐怕没有人，包括它的发明者，敢相信这个概念会有朝一日真的把这四个国家拢到一起，成为世界舞台上一股新的力量。但八年来世界经济与政治的风云变幻，真的把这四个国家推到了世界舞台更为重要的位置之上，并破天荒地让这四个国家的首脑聚集在一起，讨论如何构建四国之间的共同利益，呼吁建立一个多极化的世界秩序。叶卡捷琳娜堡峰会对高盛公司的预见能力提供了一个非常宝贵的证据，同时更说明了在当今世界上理念的导引作用。2010年12月中国作为"金砖国家"合作机制轮值主席国，与俄罗斯、印度、巴西一致商定，吸收南非作为正式成员加入"金砖国家"合作机制，之后"金砖四国"变成"金砖五国"，并更名为"金砖国家"（BRICS）。

自古以来，大国的兴衰一直牵动着世界历史进程的变革。《大国崛起》曾在中央电视台热播，葡萄牙、西班牙、荷兰、英国、美国的崛起之路曾经成为我国观众的兴奋点，成为中国普通百姓茶余饭后的谈资。但今日金砖国家的崛起已经是在一个不同的历史时空背景之下了。金砖四国所代表的新兴国家的发展与崛起之路与西方国家大异其趣。资本主义世界经济体系扩展到全世界，时间的流逝与空间的扩大也冲淡了资本主义的强盗色彩。早期资本主义发展的野蛮与暴力已经逐渐消退，后发国家的发展不会也不可能步欧美资本主义国家发展的后尘。当年欧洲列强凭借着暴力与掠夺为西方的崛起奠定了基石。而今，面对着密如蛛网的国际制度、规范，面对着西方国家主导的世界经济与政治秩序，后发国家不可能像西班牙、葡萄牙那样可以将美洲的金银用大船运往马德里与里斯本，不能像东印度公司在印度那样霸占市场，更不能像美国那样有一个"西进运动"的空间，在领土的持续扩张中化解经济与社会矛盾。但是，凭借着经济全球化所促动新的劳动分工，以"金砖四国"为代表的所谓新兴市场国家抓住了机遇，乘势而起，积累起足够的经济与政治能量，步入了世界舞台的中央。

巴西是金砖四国之中一个年轻的国家，自葡萄牙殖民至今也不过500年的历史。巴西辽阔的土地、丰富的自然资源、多姿多彩的文化传统、几次快速的现代化发展让巴西在21世纪之初成为新兴国家的杰出代表。巴西自独立以来一直游荡于民主与独裁之间，葡萄牙的传统在巴西影响甚深，在未来的岁月中巴西需要一个自信、自足的自我认同，创设一种让自己可以安身立命的身份认同。这是巴西走向大国的根本标志。

俄罗斯在普京主政期间踏上了复兴之路，俄罗斯的雄心与实力开始彰显，俄罗斯开始充分利用历史的积淀，融入全球化的浪潮。俄罗斯在沙皇时代奠定的辽阔疆域，使其在广阔的地表下蕴藏了丰富的石油、天然气等资源，俄罗斯在苏联时代构建起的工业体系和科技力量，使俄罗斯今天能够参与国际创新的竞争。普京执政时期，摆脱了"休克疗法"带给俄罗斯的梦魇，俄罗斯优势的发展策略，使其石油与天然气随着国际能源价格的持续增长而水涨船高，外汇收入迅速增加，经济实力迅速提升，俄罗斯呼唤着要有与自己的力量对等的话语权和影响力，俄罗斯再次闪出熠熠光辉。但是，只有通过历史的考察，我们才能发现当下俄罗斯发展中的脆弱因素，经济增长不能过度依赖出口，经济的组织与管理、知识的积累与技术的创新，内需的强劲支撑要比资源更为重要。俄罗斯需要一种长期持续的优势来支撑自己的大国地位。

印度是一个具有悠久历史的文明体系，从历史的角度考察，印度更是一个文明体系的大陆而不是一个帝国的大陆。长期以来，统一的政治组织一直为种姓、语族、教派所侵蚀与分化。现代印度的构建始于殖民时期，但是印度的宪政民主制度却深植于印度悠久的历史之中。印度文明的精微要义在于通融。这种通融不仅奠定了印度民主的基础，同时也反映了印度的政治现实。各种种姓、各异的教派、以语言划定的地方行政单位……只有靠通融才能共存，印度人引以为豪的民主制度是印度联邦得以生存的保障，20世纪70年代之后，印度的民主制度开始出现新的分化组合，并对经济产生了一定程度的影响。同时印度的IT产业使其受到国际社会的瞩目。1991年开启改革风帆的印度已经慢慢进入发展的快车道，基础教育、基础设施将是印度未来努力的方向与重点。

中华文明曾经历千年不坠，在文明的演进过程中，曾吸收过无数的外来因素。近代以来，中国在吸收与消化外来因素的过程中经历了一次又一次的磨难，也完成了一次又一次的超越。当西方人用坚船利炮轰开古老中国大门的时候，李鸿章发出了"千年未有之变局"的警示，中国人开始了艰难地融入全球化的过程，并放开自己闭塞的心胸，通过不断的制度创新寻求突破。从洋务运动到戊戌变法，从新文化运动到社会变革的大讨论，从新中国建立到改革开放的吐故纳新……1992年邓小平视察南方，中国在苏东剧变、冷战结束之后巨大的国际震荡中扬起了二次改革开放的风帆，束缚于人们头脑之中的思想枷锁被一一破除，十几亿中国人的智力与热情得以释放。从计划经济向市场经济的跨越，中国实现了物质财富的极大增长。从封闭到开放的转折，中国与世界的关系发生了历史性的变化，开始步入世界舞台的中央。中国巨大的经济总量和持续高速的经济增长是世界经济最强劲有力的发动机之一，中国的发展与进步是世界稳定与繁荣的泉源之一。总之，改革开放三十多年来，中国兼顾了内外两个大局，初步实现和平发展的目标，摆脱了贫困落后的面貌，成为全球化条件下世界市场重构的最大赢家。

南非是南部非洲的政治、军事和经济强国。据粗略统计，1990年时南非的生产值几乎等于其他南部非洲国家的总和。但是长期以来，南非的政权被白人把持，历届白人政府都有步骤地推行了种族隔离制度。该制度最极端的表现是，除了为白人经济提供劳动力之外，黑人被禁止与白人发生任何接触，甚至不许进入白人光顾的场所。南非的种族隔离政策不仅造成本国内白人与黑人的尖锐冲突，也引起了南部非洲发展协调会议国家的不满，但是这些国家的经济发展即便在南部非洲发展协调会议组建之后也依然严重依赖于南非。这种既想脱离又不得不依赖的状况随着20世纪90年代南非的去种族隔离政策的推行得到改变。南非走上了正常的发展轨道，并迅速成为新兴市场国家的代表之一。

不管金砖国家的社会制度有什么不同，不管它们步入现代化的进程如何不同，它们都是在各自内外因素的共同作用之下，发展成为新兴市场国家的代表的。换言之，既是历史合力让金砖国家各自取得了发展上令人瞩目的成就，也是历史合力让金砖国家作为一个集体在承担越来越多的责任，在发挥越来越大的作用。